私のライフワーク

―徳の貯金を積む―

嶋田敬三

よき人生を送る　積善のすすめ

九州国際大学客員教授　三浦　尚司

嶋田敬三さん、はじめての出版おめでとう。

自分史を書くつもりでこれまで実践したことや、心にとめたこと、人生で感動したことなどを書きとめてみることをすすめたのは一昨年以上も前のことでした。

嶋田さんは、意欲満面で、それからは仕事の合間にこつこつとパソコンに向かって書きためた原稿が半年後に私の手元に送られてきました。

一気に書き上げた初めての原稿は、当然のことですが、他人に読んでもらうにはさらなる書き直しが必要でした。そんなアドバイスにもめげず、素直に受け止めて新たな気持ちで書き直しをして、さらにいくたびもの書き直しを経てこのたびの出版となりました。

嶋田さんと私との出会いは、私の校註著書『和語陰隲録』や『こどもたちへ　積善と陰徳のすすめ』を読んだ感想や自分自身が日々実践していることを書き綴った、ぶ厚い手紙をもらった時からです。私の故郷が福岡県豊前市で、嶋田さんは隣町の築上郡吉富町だったことから交流が深まりました。

二〇一四年九月に豊前市で開催された「積善と陰徳に生きた豊前の傑商　小今井潤治翁の生誕二百年祭」には、実行委員会のメンバーとして大活躍をしました。

本書を一読されるとわかることですが、嶋田さんの生き方は現代青年には稀なる行い、つまり、日々、公衆トイレの掃除や空き缶やペットボトルなどのゴミ拾いを実践することを自分自身の「ライフワーク」にしていることです。

トイレ掃除では、日々実践されている某大企業の著名な実業家が知られていますが、嶋田さんも数少ない実践者の一人です。

東日本大震災では全国から多くのボランティアが馳せ参じて震災地の復旧に努めましたが、嶋田さんも長年にわたって日々、公衆が利用するトイレ磨きや道路や公園などに捨てられている空き缶などを拾い集めることを日課としています。

このように人知れず社会を明るくする活動を行っている嶋田さんの生き方は誠実そのものであり、まことに爽やかで気持ちのよい生き方です。

社会のために何かやりたいが、いまだその方法が見出せないと思っている皆さんに、行動を起こさせる本として贈りたいと思います。

二〇一六年十月一日

目次

よき人生を送る　積善のすすめ

九州国際大学客員教授
三浦尚司

はじめに

能力があるわけではなく、技術もなく、社会的にも何も影響力のない私だが、今回こんな本を執筆してもいいのだろうかと迷ったりもした。しかしこれだけは言えることがある。

「一つのことを徹底的にすること」は、私のライフワークとしていることなのである。


二十代の頃、私は何をやっても長続きできなかった。腕立て伏せや腹筋やジョギングはやってもすぐに止める。資格試験にチャレンジしたことがある。簿記検定やコンピュータ系の試験にもチャレンジしたが、不合格になるとリベンジしようとする気力もなく、すぐに諦めていた。何も取り柄のない男である。

しかし、きっかけさえあれば自分を変えることができ、小さな自信も生まれ、とことんやらないと気が済まない性格に変わるのである。

「ゴミ拾い」が私を変え、人生まで変えたのである。二〇〇七年春からゴミ拾いを開始し、今現在も続けている。もちろん今後も続ける。そんな私が、二〇一四年一月にゴミ拾いを中心とした一泊二日の旅を福岡市で実践した。「福岡に徳を積む旅」である。

「ゴミ拾いをする旅をして何になるの？」

と言われ、バカにされてもおかしくない。しかし私にとっては、今までやってきたことはいわば社会実験でもあり、そこから新たなる方向へ進むためのチャレンジでもある。毎日続けているので満足感や達成感に浸っていたが、「福岡に徳を積む旅」でもう自己満足に浸っていないで、次世代のことも考える意識が生まれた。どこにでもゴミがあるのが当たり前になり、誰もが環境に無頓着になり、自己中心的な世の中になっているのではと、今回の旅を体験して危惧したことである。

私は、ゴミ拾いを中心に毎日休まず実践し続けているが、本書を読んで、何か行動を起こしたい人はゴミ拾いに限らず、誰でもできる簡単なことを毎日実践し続けていただきたい。家の前の道を掃くのでもいいし、笑顔であいさつすることでもいい。

毎日無理なく人のためにできることを続けていって欲しい。簡単にできることでも何でもいい。一人だけで続けていたことがだんだんと輪となって広がり、公徳心がある人々が増えてくることを願っている。

この度の「福岡に徳を積む旅」は、社会の裏側がわかった旅でもあった。このまま社会の裏側の問題を無視したらどうなるのかも書いてみた。

この本を読み終えた皆様が、毎日どんなことでも、人のために続けることで自分がどう変わるのかを知り、行動することへのきっかけとなれば幸いである。

第1章　学生時代

小学校

一九七四年九月十八日、私は福岡市内の山下産婦人科で誕生した。

噂によると芸能人の牧瀬里穂さんも山下産婦人科で誕生したと聞いたことがある。本当だったら光栄だ。

一九七八年に父の転勤で福岡市から嘉穂郡穂波町（現在の飯塚市）へ引っ越して、現在のイオンモール穂波のそばに住んでいた。幼稚園は某大学付属幼稚園に入園し、スクールバスで通園した。幼稚園では、よく水遊びばかりするので先生を困らせた。

落ち着きがなく、両親や先生を困らせた幼稚園を卒園し、穂波町の小学校に入学した。毎日友達とよく遊んでいた。野球をしたり、鬼ごっこをしたり、自転車で走り回ったり、部屋の中にいるより外で遊ぶことが好きだった。

好きな科目は、算数と社会だった。計算することが好きだったので出来た時はすごく気持ちが良く、また難しい問題を解きたくなった。

勉強よりも好きだったのが野球である。小学校二年生の頃、少年野球チームに入って練習した。当時巨人軍で大活躍され、その後監督をされた原辰徳さんの大ファンだった。よく原さんの構えを真似たり、ゴロを捕球する際、原さんを意識して練習していた。初めてユニホームを着た時は、たまらなく嬉しくてプロ野球選手になった気分だった。野球選手になれたらいいなあと思い、勉強よりも野球のことばかり考えていた。

小学校四年生に進級する前に父の転勤で熊本へ引っ越しすることになったが、友達との別れが何よりも辛かった。転校した熊本市内の小学校には、運動場が二つもあった。全国の小学校でも珍しかったのではないだろうか。学校は私服ではなく制服、通知表は五段階評価、方言や人間関係に悩んだ。

熊本の人は、すごく真面目で、曲がったことやルールを破ることを嫌がる気質ではないかと感じた。

学校生活での勉強面は全くダメで、通知表を見せるたびに父が鬼の形相になり、すごく怒られていた。野球部に入部し、先生が指導されることに驚いた。穂波町の学校では、部活動がなく少年野球チームが何チームもあり、指導者は自営業の方やサラリーマンの方だったからだ。実力がなかったのでいつも補欠だった。学校の成績も悪い、野球も下手、何も特徴がなく子供ながらすごくコンプレックスがあった。学校の授業も楽しくなく、野球部では常に補欠の落ちこぼれで辛かった。内心人前に出たくなかった。いつも子供なりに悩む日々だった。一九八七年三月、小学校を卒業する前に、また父の転勤で、佐世保への引っ越しが決まった。

中学校

一九八七年三月小学校を卒業し、佐世保での新しい生活が始まった。

佐世保という地名は知っていたが、どんな市なのか知らなかった。海がきれいで、食べ物がすごく美味しく、店舗が並ぶアーケードが長い。米軍基地があるせいかアメリカ人を見かけることが多かった。中学生として佐世保での新しい学校生活が始まるが、熊本で小学校を卒業したばかりなので友人も知人もいない。転校生と同じだ。学校は高台にあって登校する際、登り坂が多く、中学生の体力では辛かった。特に学校前の坂道が急勾配だった。夏になると全身が汗だくになり、制服はびしょ濡れになった。

登校時に遅刻をしたら、三百メートルほどあったと思うが、裏門から正門まで往復うさぎ跳びをさせられた。教科書を忘れたら椅子の上に正座をさせられ、校舎内で野球やサッカーをしていて先生に見つかったら叩かれた。制服や学生ボタンの違反者がいたら徹底的に指導された。それでも規則を守れなかったら殴られていた。一番ひどかったのは、煙草だった。煙草を先生に見つからないように、校舎の裏に竹藪があったので煙草を吸いに行く生徒が結構いた。見つかったら先生から袋叩きである。先生も容赦なく殴り続けた。

中学校時代はのんびりした生活を過ごしていた。野球部に入部したが、練習に参加したりさぼったりで途中で退部し、学校から戻ったらおやつを食べながらテレビを見ていた。成績が良くなかったので塾に通わされていた。塾もわざと遅刻をし、仲間とおしゃべりをしたり、お菓子を食べたりしていた。

塾に通うようになっても、成績は伸びることはなかったが、学校の授業より塾のほうが価値があるのではないかと錯覚することもあった。学校の教科書より塾のテキストの方がくわしく分かりやすかったと思えたからである。

中学校での一番の思い出は修学旅行である。一九八九年五月に福岡市で開催されたアジア太平洋博覧会に行った。パビリオンの見物や乗り物に乗ったり、福岡タワーから景色を展望したりした。山口県の秋芳洞の見物、大分県の高崎山での猿の見物、別府での地獄めぐりなどを満喫できてよかった。

今でも思い出すとすごく恥ずかしい思い出がある。修学旅行の夜に行われた全体余興で、当時大人気だった光ＧＥＮＪＩの「地球をさがして」という曲を歌ったことだ。生徒が四百人以上いたので、いざステージに立つとすごく緊張して真っ赤になってしまった。それでも何とか無事歌い終えることができたのは、クラスメイトのある女子が支えてくれたからだった。恥ずかしくも懐かしい思い出だが、それ以上にその時の女子の応援を忘れることはできない。

高校

中学校生活の三年間は早かった。実力がなかったので公立進学校には合格できず、私立高校へ通うこととなった。

一九九〇年四月、佐世保市内の私立高校に入学した。男女共学だったが普通科と商業科があり、商業科は女子が多かった。私は普通科に在籍した。クラスは全員男子で、三年間クラスは変わらなかった。

高校生活は、はっきり言って面白くなかった。入学して一ケ月足らずで宿泊研修があり、集団行動訓練という洗礼を受けた。

「いちに、いちに」と足並みをそろえて行進させられたり、右向け右の訓練、座禅、校歌を何回も、先生方から「ヨシ」と言われるまで大きな声で歌わされ、態度が悪くダラダラとした行動をすると、殴られるのである。今、振り返っても、軍隊と同じような訓練だったと思う。宿泊研修から、面白くない高校生活が始まったのである。

登校時に遅刻をすると、渋滞や交通事故でバスが遅れたという言い訳は聞いてもらえず、どんな理由だろうが、罰として腕立て伏せを百回させられ、頭髪や服装の違反者がいたら厳重に指導され、ゲームセンターやカラオケボックスに行くと厳重注意を受け、もう一回同じようなことをすると謹慎処分、深夜徘徊や喫煙も謹慎処分だった。

このような厳しすぎる指導も問題ではないだろうか。自分で考えて行動する力を奪う恐れがあるからだ。面白くなかった高校生活だったが、唯一修学旅行は楽しかった。一九九二年二月高校二年生の時、修学旅行は長野県茅野市でスキー体験をした。

インストラクターの丁寧な指導のおかげで、感覚が掴めて滑れるようになった。リフトに乗って山の頂上まで行き、頂上から滑ることになったが、班のメンバーと変わらずに滑り降りることができた。

スキーから学んだことだが、基本であるハの字形で滑ることが身につければ、応用が効くことがわかった。基本ができるようになるまで時間はかかり、遅れているのではないかと内心イライラしたり焦ったりしたが、要領さえ掴めれば上達できることをスキーから学んだ。

学校の成績の方は、定期テストはまあ良かったが、全国模擬試験になると全く良くなかった。一応進学コースを選択していたが、教科書の内容の違い、授業の進み具合の非常な速さ、月二回の全国模擬試験、合宿での長時間の特訓などで大きく差が開いた。名門私立高校や公立進学校の生徒は自主性を持って勉強するので、さらに実力の差が開く原因となった。結局進路未定のまま高校を卒業し、浪人することになってしまった。

浪人

一九九三年四月、高校を卒業して佐世保市内の予備校へ通うこととなった。公立進学校出身者が多く、入学した時点ですでに実力の差が開いていた。基礎コースや難関コースといったレベルごとにクラスが設けられていなかったので、実力がある人ない人に関係なく一斉に授業を受けるので、私は先生の話を聞いてもさっぱり理解出来なかった。翌年、結局どこの大学にも合格出来ず、二回目の浪人をすることになった。

一九九四年四月、親元から離れて福岡県久留米市内にある寮完備の予備校に入学することとなった。寮には、福岡県と熊本県の人で八割は占められていた。ほとんどが名門私立進学校や公立進学校の人たちで、私は寮内でコンプレックスを感じることになった。

親元を離れた予備校生活は、午前九時から午後四時まで授業を受けて一時間自習をし、午後六時に寮に戻って風呂に入り、食事のあと午後七時三十分から午後十一時四十五分まで全体自習をして、午前零時に消灯という寮生活である。

四月から六月までは順調に寮生活を過ごしていたが、夏場に入ると生活リズムや精神面で崩れ始めた。全国模擬試験や毎週末の予備校内の試験では全く成績が伸びず、日本史以外は降下する一方だった。それでも午前五時に起きて始めた朝の自習を午前四時に早めたり、寮内にいる成績のいい人の勉強法を真似したり、成績のいい人の隣に座って勉強したら成績が上昇するのではないかと思って、いろいろやってみたが上昇しなかった。模擬試験の度に、成績が伸びないので参考書や問題集を替えた。

今の自分がどのレベルにあるかを考えずに、早稲田や慶応を受験するレベルの人と同じ参考書や問題集を使った。それでも成績が伸びないので、午前四時に起きていた自習を午前三時に早め、気合が足りないので頭を五厘刈りにしたがダメだった。

何をやってもダメだった。十月下旬に退寮し予備校もやめ、佐世保の実家へと帰った。結局二浪しても受験した大学はすべて不合格に終わった。

一九九五年三月、父の転勤で佐世保から宮崎へと引っ越した。私は両親とは同居せず、福岡市内の専門学校へ通うため、福岡市内に下宿した。

四月に入学したが、友達もできず毎日一人のため面白くなくなってすぐに通わなくなった。五月末から、当時福岡ドーム内にあったスポーツバーでアルバイトをした。

ある日、野球観戦のお客様たちにたこ焼きを販売するように命じられた。スポーツバー「ザ・ビッグライフ」の端から端までの長い通路を何往復も歩き販売するのだが、普通に販売しただけではお客様はたこ焼きを買わない。たこ焼きを買っていただいたお客様には、野球選手やJリーガーの真似をし、顔にペイントを塗り、パフォーマンスで勝負をした。通常、十箱売れれば上出来なところ、おかげで四十箱も販売できた。その日から試合がある日は、たこ焼きを販売するように命じられた。

野球シーズンが終了するまで働いて、また大学受験に向けて勉強を開始した。時間も足りず実力もなかったので合格出来そうなところしか受験しないことにした。四年制大学は合格出来なかったが、短期大学に合格することができた。

振り返って思うのだが、基本となる教科書を数多く読んで理解を深めていたら合格できたのではないだろうか。大学受験の結果は惨敗に終わったが、今後勉強をする際のいい教訓を得ることができた。好奇心旺盛で手を広げることも悪くはないが、まず一つのことを突き詰めて勉強したほうが、他のことを勉強する際に理解度が深まるのではないか。

浪人中にそのことに気づけただけでも良かった。自分の信じたやり方を貫き通すことだ。ちなみに私は、一つのことを突き詰めて勉強するのだが、頭で覚えようとせず、体で覚えようとするのである。

短大

浪人生活を終えて一九九六年四月、福岡県宗像市内にある短期大学の情報処理学科に入学した。

三年ぶりの学生生活が始まった。二十一歳になっていた。女子が六割で男子が四割と女子が多かった。彼女ができればいいなあとワクワクしていた。

私はクラスで最年長者なので、年下の人たちとどうやって接すればよいかと悩んだりもした。しかし、そんな心配は杞憂に過ぎず、すぐに打ち解けられるようになった。情報処理学科に在籍したものの、コンピュータについてすぐには詳しくなれない。つまり、自主的に勉強することが大事なのである。短大時代は、仲間に助けられたことが多かった。プログラミング言語が苦手で全くわからない。レポート提出やデータベース作成の際も、学友が手とり足とり教えてくれたおかげで、いつもレポート提出期限に間に合わせることができた。

そんな自分にできることは、仲間が講義中居眠りしたり休んだりしたら、講義のノートをとり、先生が重要だと言ったことを記録し、仲間にノートを貸してあげることしかできなかった。だからほとんどの講義を休まなかったし、さぼろうとも思わなかった。

自分にできることはそのことだけだったし、助けてもらってばかりだと学友もいい気がしないと思うので、休まずに講義中は何もかもノートに記録していた。

学友から学んだことは、自分でやってみることと、自分の頭で考えて答えを出すことだった。単純で当たり前のことだがそう簡単に出来ることではない。両親に迷惑をかけているので、留年はできない。何が何でも単位を取得しなければならなかったが、自分の頭で考えず、仲間に頼ってばかりだった。

短大時代の一番の思い出は、やっぱり年一回の一大イベント、学園祭ではないだろうか。一年生の頃は、会場の準備と後片付けをした。盛り上がりはいまひとつだったが、皆と協力する喜びを知った。二年生の頃は、喫茶店をし、自分は呼びかけをした。仲間がパフェを作り、コーヒーを用意して喜んでいる顔を見ると協力出来て良かったと心から思った。出店は幾つもあったが、喫茶店をした仲間と自分の店だけは黒字だった。学園祭の終了後、教室を借りて打ち上げをして、喜びを分かち合った。

短大卒業後の進路は、入学当初四年制大学への編入を希望していた。単位も編入するための基準には達していたが、編入希望先の大学が単位の入れ替えが難しいと進路指導の先生から言われ断念することとなった。

第2章　社会人

一年間のフリーター生活

一九九八年三月、短大を卒業し、フリーターとしての生活が始まった。

卒業してすぐに、健康飲料の工場と夕方の新聞配達の二つのアルバイトをした。健康飲料のアルバイトは朝が早く、午後二時まで働いた後、アパートに戻って食事を摂りすぐに夕刊の新聞配達をした。夕刊配達後は即アパートに帰ってよかったので、早く配り終わるようにした。

どうしてフリーターの道を選択したのか？　それは、勉強、勉強で疲れてしまって気持ちが燃え尽きたからである。何をしている時が楽しかったかと言えば、テレビを見ている時間だった。アパートに戻り、一人でテレビを見ながら食事を摂ることが何よりも楽しかった。

まわりから束縛されることが嫌でたまらなく、一人になりたかった。

健康飲料の仕事が減少し、正社員だけで工場を稼働することが決まり、夕刊配達も同時にやめて、土木工事や日雇いの仕事をしていた。日雇いの仕事は、引っ越し会社の社員の助手をしたり、イベント会社の会場づくりの助手をしたり、倉庫会社で荷物の仕分けをしたりする重労働が多かった。日雇いはその日にお金が支払われるので少し贅沢をし、トンカツを食べたり、皿うどんと焼き飯を食べたり、焼き鳥を三十本も食べたりした。

一九九九年に入って、単なる思いつきであるが、囲碁にも興味をもった。すぐに囲碁教室に入門し習い始めた。週二回教室に通い年配の方々と対局した。年配の方はかなり習熟されている。横綱と序二段が対戦するみたいですぐに決着がつき負けた。囲碁を習い始めてしばらく経った頃には、フリーター生活一年を迎えようとしていた。

両親から、早く就職しなさい、とそのことばかり言われるのが嫌だった。周りの人と比較されるようなことを言われて、心の傷が深まっていった。もう両親とは連絡を取らず、行方をくらまそうと決めた。

今後どうするのか？　プロ棋士に弟子入りするため、東京に行こうと思った。いつアパートを引き払うのか？　一九九九年四月二十九日に引き払うことを決めた。テレビや冷蔵庫、ＣＤコンポを質屋に売却し、洋服や本棚は、生活創庫というリサイクルショップに売却した。

四月二十九日、大家さんにお礼のあいさつをし、アパートを引き払い、博多区に住んでいる友人の元へと向かった。

放浪の旅

博多区の友人の元では六日間もお世話になった。友人には、今でもそのことをとても感謝している。

五月五日早朝、友人にお礼を言って別れると、ＪＲ笹原駅から、ＪＲ古賀駅へと向かった。乗車中、心の中では両親や妹のことや、これからの生活がうまくいくのだろうかと罪悪感と不安感が混じっていた。ＪＲ古賀駅から路線バスに乗り古賀ＳＡに近いバス停まで乗車し、バス停から徒歩で古賀ＳＡの上り側に到着したのである。

五月五日は祝日なので、Ｕターンラッシュで混雑すると予測していた。ヒッチハイクをしようと宗像のアパートを引き払う前から決めていた。画用紙ほどの大きさに「東京・大阪方面の方、お願いします」と書いて、紙を掲げたまま同乗させてくれる人を探した。

十分程して、一台目の車が止まった。壇ノ浦ＳＡまで同乗できるというので、乗車した。古賀ＳＡから壇ノ浦ＳＡまで一時間ちょっとで到着した。壇ノ浦ＳＡで二台目の車を探し、十分程で決まった。名古屋守山ＳＡまで同乗させてもらうことが決まった。

高速道路で名古屋まで行くのは初めてだ。神戸を過ぎるまでは長く感じたが、大阪吹田にある大阪万博の太陽の塔の横を過ぎてから京都、滋賀、岐阜と通過した。岐阜の養老ＳＡでは、同乗させていただいたご家族から夕食をご馳走になった。今回自分を同乗させた理由は、私が息子さんに似ているからということだった。

岐阜の養老ＳＡからは、一時間弱で名古屋守山ＳＡに到着した。知らない者を長時間同乗させ、夕食までご馳走してくれて、楽しく会話もできて本当に感謝の気持ちでいっぱいだ。二台目の方は、名古屋守山ＳＡに到着して、すぐに自分を同乗させて下さる方が見つかるようトラックの運転手に交渉して下さった。すぐに三台目の車が決まり、同乗することができた。自分が無事に東京に着けるようドライバーを探して下さった気持ちに今でも心から感謝している。名古屋守山ＳＡを出発し、豊橋を過ぎ、静岡に入り、途中、静岡のＳＡで仮眠をとった。

五月六日、神奈川に入ると小田原、横浜を通過し、午前六時前に川崎の宮前平駅前で降ろしていただいた。私はトラックが見えなくなるまで見送った。

ヒッチハイクで無事に目的地に到着できたのは三名の親切なドライバーのおかげである。乗車代も取らず無償で乗車させていただいたことに心から感謝している。このご恩は生涯忘れない。

宮前平駅から平塚にいる友人の元へ向かった。宮前平駅から電車に乗り、途中小田急線に乗り換え秦野の東海大学駅で下車した。すでに友人は待っていた。三日間お世話になることになった。あっという間に三日間が経ち、五月九日午前九時前、友人のアパートをあとにした。

私は友人に恵まれている。博多でもお世話になり、平塚でもお世話になった。小田急線で東海大学駅から新宿駅まで乗車した。快速電車があったが、普通電車に乗った。少しでも時間を長くしたかったからだ。内心は期待と不安でいっぱい。そう思っているうちに新宿駅に到着した。ぼおっとしている時は時間が経つのが長く感じるが、緊張やピリピリ、慌ただしい時は時間が経つのが早い。新宿駅からJRに乗り換え、総武線に乗った。

途中、JR四ツ谷駅で下車し、日本棋院へと向かった。日本棋院で私が探しているプロ棋士を、棋院内にある書店で調べ、千葉に住んでいることがわかり、JR四ツ谷駅から千葉駅へと向かった。JR千葉駅に到着し、路線バスに乗り換えプロ棋士が住んでいる近くのバス停まで乗車した。歩いて十分足らずでプロ棋士の家に到着した。プロ棋士が居るか尋ねたが留守だったので、プロ棋士の奥様が対応した。奥様に弟子入りを志願したが断られた。「弟子入りできるまでこの場を離れません」と伝え、頑なになった。奥様は困惑していた。

一時間程家の前に居続けた時、プロ棋士の友人の方が来て私を説得し始めた。初めは聞く気がなかったが、プロ棋士になるための資格や条件を言われ、話を聞いているうちにもうこの場に居続けることはできないと納得した。

その方から「やらない後悔よりやる後悔の方がいい」と言われた時、結果は大失敗に終わったが、今回行動してよかったと納得できた。プロ棋士の家の前から最寄りのJRの駅まで送っていただき、電車に乗りJR新宿駅へと向かった。JR新宿駅に到着し、JR新宿駅東口から歌舞伎町まで彷徨い歩いた。既に夜八時を過ぎていた。新宿コマ劇場前でしばらく棒立ちの状態になり、またJR新宿駅東口へと歩いた。歌舞伎町は恐ろしいところと言われるが、それより囲碁の道に進めないことがわかって落胆したのである。ＪＲ新宿駅東口に到着し、フジテレビで長年お昼に放送されていた「笑っていいとも」のスタジオのあるアルタのモニター画面を見ながら、どうやって今後生きていこうか考え込んだ。

その日は、小田急線に乗り、新宿駅から本厚木駅へと向かった。数日間はホームレスになった。箱根で住み込みで働いたが、一ケ月ほどして九州に戻ることにした。しかし実家には帰りたくなかったので、しばらく大分県内の叔母の家に泊まらせていただくことにした。叔母にお世話になり、今でもとても感謝している。

そのまま長く居続けることができないので、また働くところを探した。人材派遣会社に登録したところ、和歌山県新宮市の自動車部品であるハーネス工場の派遣が決まった。

和歌山と三重での派遣社員生活

一九九九年七月上旬、派遣先の和歌山県新宮市に向けて出発した。夜行バスで博多バスターミナルから名古屋に向けて出発した。バスの中では、よく眠れなかった。

翌朝名古屋に到着し、近鉄線に乗り換え、三重県四日市市へと向かった。近鉄四日市駅に到着し、派遣会社の事業所へと向かった。駅のすぐ目の前に事業所があった。事業所で説明を受けた後に契約書にサインをし、一緒に入ることになる大阪と沖縄の人を待った。

そのあと事業所の方からＪＲ四日市駅まで車で送っていただき、ＪＲ四日市駅からおおよそ四時間電車に乗り、ＪＲ新宮駅に到着した。ホームでは、派遣会社の業務係が待っていて、派遣先であるハーネス工場の見学に行った。工場ではラインが早く回っていて、これについていけるのだろうかと不安になった。見学が終わり、正式な手続きをし、夜勤専属を命じられた。

そのあと寮に案内された。三ケ月前から埼玉・三重・大阪の方が入っていて、私を含め四人で共同生活をすることになった。アパートの一室に四人で共同生活していくのでストレスが非常に溜まった。次の日から仕事が始まり、担当はトヨタ自動車でセリカという車のハーネスの組立てに決まった。

全国各地から働きに来ていて、最も多いのが沖縄で、二十代・三十代が多かった。ヤンキーの人が多く、中には暴走族あがりの人もいた。夜勤が明けるとすぐにパチンコに行く人が多かった。パチンコの影響で毎日誰か一人は欠勤していた。

一人休まれるとラインの稼働率が悪くなり、定時で終われるはずが二時間は残業しなければならないので、きつい思いをした。地方から出稼ぎに来ているはずなのに、パチンコやスナックや焼き肉でお金を遣ってしまうので、貯金をする人は、私ともう一人以外はいなかった。ちなみに私は一年間で百万円を貯めた。

給料日十日前になると残金千円で三食カップラーメン生活、煙草も買えない、酒も飲めないで金欠状態の人たちばかりだった。私は、夜勤終了後すぐに部屋に戻り、食事をした後すぐに寝た。昼夜逆転生活で体がきつく、休日も遊びに行かず部屋で眠っていたのである。そんな生活を過ごしていたので、体重が一年間で二十キロ以上増加し、百キロ近くまでになった。

ここでの生活が一年経った頃、仕事量が激減し、派遣社員を大量に削減することが決まった。ほとんどの人が地元に戻ることになった。私は実家に戻りたくないし、どうしようかと悩んでいたら、事業所から、三重県松阪市で働かないかと話があり、お世話になることにした。

二〇〇〇年八月、和歌山県新宮市から三重県松阪市へと移った。

松阪市での派遣先は、新宮市のハーネス工場の本社である。ハーネスの組立てではなく、データ入力を担当することになった。派遣先の職場は、私を含めた派遣社員が四名しかおらず、四人とも別の派遣会社だった。誰一人仕事中に私語をする人はいなく、ミスをする人が一人もいない現場だった。この会社で働けたことには満足している。

三重県松阪市は、超高級牛である松阪牛の産地でも有名だ。住みやすい環境で、都会と田舎の中間のような市だと感じた。常昼勤務が私の体に合っていた。松阪市で生活することになって、月一回は遠出をした。

松阪市から愛知県名古屋市まで一時間ちょっとで行けるので便利がよかった。ＪＲ名古屋駅周辺やＳＫＥ48の地元である栄にも行った。買い物はせず、歩き回ることが楽しみだった。伊勢神宮に参拝に行き、岐阜城に行ったり、近鉄線に乗って大阪まで行き、大阪城公園や道頓堀、くいだおれ、難波、天王寺にも行った。たこ焼きと大学芋が美味しかった。新宮市での節制の反動からか、松阪市では外出が多かった。この頃、各地に行けたことに満足し、今思うと後悔しない生活だった。

二十一世紀を迎え、九州に戻る

二〇〇〇年末に仕事納めをし、十四日間の長期休暇が始まった。十月頃から正月休みはどこにいこうか考えていた。二十一世紀を北国で迎えたいという単純な思いつきで北海道と横浜に行くことにした。北海道には七泊八日、横浜には二泊三日することにした。

十二月三十日に、当時愛知県小牧市にあった名古屋空港から新千歳空港へと向かった。新千歳空港に到着すると、本州と違って倉庫にある冷凍庫のような冷たさだった。新千歳空港から電車に乗り、ＪＲ札幌駅に到着し、歩いて札幌時計台前にあるビジネスホテルに向かった。

生まれて初めての北国だ。歩道は雪が積もっていて、アイスバーンのような状態になっていた箇所もあり、何回か転倒しそうになった。ビジネスホテルにチェックインした後、すぐに外出して大通り公園や繁華街を歩いた。

　十二月三十一日大晦日、ホテルで紅白歌合戦を見ながら夕食を食べ、ＮＨＫゆく年くる年で二十一世紀を迎えた。すぐにチャンネルを切り換えてジャニーズの年越しライブを見た。テレビを見ながら、ふと思った。二十一世紀を迎え、もうそろそろ九州に戻って両親に会おう。新しい世紀が始まり心機一転したかった。九州に戻ったら、なかなか北海道に行く機会もないだろうと、目的地に行くことだけは果たしたかった。それは小樽市にある石原裕次郎記念館の見学と苫小牧市でお寿司を食べることである。石原裕次郎記念館に行き、西部警察にも登場したドアが自動で開く自動車を見た時、しばらくその場から離れられず凝視した。

　展示品に裕次郎さんのスーツが多かったのと、ネクタイピンがピカピカだったことが印象に残っている。ただ、裕次郎さん好物のレモンケーキを食べなかったことを後悔している。値段が高かったという理由で食べなかった。今でもそのことは悔やまれる。

　苫小牧市で食べたお寿司、北国の魚はとても美味しく、シャリも酢の加減がよく、四十貫は平らげたのではないだろうか。

　北海道で七泊八日し、新千歳空港から羽田空港に向かった。羽田空港から、横浜行きのバスに乗ると、もう空は真っ暗だった。バスから横浜みなとみらいのネオンがとてもきれいに見えた。横浜での目的は、散歩しながら風景を見ることだった。山下公園、中華街、みなとみらい、ＪＲ横浜駅周辺を歩いた。中華街で食べた饅頭が美味しかったし、ラーメンも美味しかった。横浜で二泊三日し、新幹線でＪＲ名古屋駅へ向かい、近鉄線に乗り換えて近鉄松阪駅まで乗り、長旅が終了した。

翌日から仕事が再開し、すぐに派遣会社の業務係に三月いっぱいで退職させていただくことを報告した。九州に戻って生活すると腹を決めたのである。二年間音信不通の両親に会おうと決めた。九州の叔母に三月末で九州に戻ることを両親に伝えてくださいと手紙を書いた。

三月末に仕事を終了し、その日に九州に戻り、小倉のビジネスホテルに二日間宿泊した。すぐに両親に面と向かって話す勇気がなかった。二日間ホテルで食事以外はじっと考え込んでいた。内心ビクビクしていて、父が鬼の形相のように怒るのではと思っていた。

二日後ホテルをチェックアウトし、両親の元へ向かうためＪＲ小倉駅からＪＲ宇島駅へと向かった。二年間音信不通だったので両親に会うことに躊躇してしまい、再会するのを止めようかと一瞬迷うほどだった。しかし、このままだと関係が修復不可能になると考え、踏ん張った。再会は、父の故郷である豊前市宇島で待ってくれるよう叔母に手紙で伝言していた。駅に近づくにつれ動揺してきた。次がＪＲ宇島駅になると、背中に汗をかき、掌にも汗をかいていた。

ＪＲ宇島駅に停車し、電車から降り改札口まで足取りが重たかった。

改札口を出て宇島港の方へ歩いていたら、両親が車の中で待っていた。母が大粒の涙を流し、父は怒ってはいたがすぐに無事でよかったと表情が緩んだ。両親と会った瞬間は、言葉に表すことができない心境だったが、時が経っていくにつれ話し出した。両親から二度と音信不通にしないでほしいと言われた。

体を使って動き回ることが好き

二〇〇一年四月からは福岡県築上郡吉富町で両親と一緒に生活することになった。吉富町は、豊前市と大分県中津市との間にある九州一小さな町だそうである。行方をくらませた頃、両親は宮崎にいた。二〇〇〇年四月に、父は転勤のため吉富町に引っ越していたのである。私は吉富町で同居することになり、働かないわけにはいかない。アルバイトの募集があったので、ラーメン屋で働くこととなった。ホールでの接客、皿洗い、仕込みの手伝い、車で工場までスープを調達に行ったりしていた。食事は無料で好きなだけ食べることができた。ラーメン店のオーナーには、すごく可愛がっていただいたことを今でも感謝している。しかし飲食業は、時間が不規則で自分に合っていないと思い、辞めることにした。

二〇〇二年四月から、派遣社員として大分県内にある半導体の工場で働くことになった。

半導体を炉の中に入れ、時間が経過したら炉から取り出し、半導体を機械で抜き取り、次の工程に渡す作業だった。かなり熱く、汗をかきながら作業をした。一年が経ち、もう派遣社員から卒業しようと思い、辞めることにした。

これからどう生きたらよいのか、この頃ずいぶん悩んだ。手に職をつけることをした方がいいのだろうか、通信教育を学び資格を取った方がいいのだろうか、デスクワークの職に就くべきなのだろうかとずいぶん葛藤した。机に座っての仕事は、性格上落ち着かず、時間が経つのが非常に長く感じる。このままでいいのだろうか、自分はどうやって生きていけばいいのだろうかと悩み続けた。

ある日ふとこういうことを思った。毎日仕事をする上で時間が経つのも忘れるほど働くことができればきっと充実感を味わえ、幸せと思えるのではないだろうかと。給料も多く、福利厚生もしっかりしていて休日も多い。これらの条件は一般的にいい職場と言われているところである。しかし毎日仕事をして時間が経つのも忘れるくらい集中しているであろうか。まだ休憩時間にならないかな、まだ昼休みにならないかなと、定時三十分前から帰る準備でそわそわするのでは、仕事で満足感を味わっていることにはならない。規模が大きい小さいで幸せを決めることはできない。条件面はよくても肝心な時間が経つのも忘れるくらい充実していることを基準に考えると、体を使って動き回っている方が自分の性分には合っているのである。

第3章　自我基盤の形成に費やす

五年間通い続けた自己啓発セミナー

二〇〇四年、書店で目に入った本があり感動し、著者に関することをパソコンで調べた。月一回福岡市でセミナーが開催されていると掲載されていたので二〇〇五年六月から月一回福岡市まで通うことにした。

私が自己啓発セミナーを受けた動機は、振り返ってみるとただ一つ、自分を変えたかったからである。自分から進んで勉強を開始したのはこの頃からではないだろうか。

受講を始めた頃、セミナー会場は満席になるくらい参加者が多かった。回数が増すたびに参加者たちと話すようになり、情報交換をするようになった。セミナーで出会った人には、現在でも年賀状を送ってくれる人もいる。セミナーで最初に学んだことは言葉の大切さである。言葉には言霊があり、良い言葉だろうが悪い言葉だろうが自分に返ってくるので、言葉は良いことに使いましょうと学んだ。それからは、相手のことを考えて言葉を発することにしている。

セミナーに通い出して以来、言葉には注意しながら発言している。自分で考えて行動することも学んだ。

大きなことやお金をかけて喜ばれようとすると無理が出てしまうので、小さなことでいいから、どうやったら人に喜んでいただけるかを考えて行動することを学んだ。

セミナーの参加者からは「あの本どうですか。この本はどうですか」と、多くの本を薦められたが断った。あれもこれもと手を広げてしまうと、何一つ身につかない恐れがあるからである。私は不器用な性格だから、当時はどうして器用にこなすことができないのかと嘆いたりもしたが、今思うと不器用な性格に生まれてよかった。

セミナーに通い出して五年経った頃、自己啓発はやる気さえあれば、二十四時間の生活の中で、自分でできるのではないかと思った。

二〇一〇年五月で自己啓発セミナーを卒業し、自分で道を切り開いていくことにした。

もう二度と自己啓発セミナーに参加することはないだろう。参加した五年間は、今思うとよかったし悔いはない。

コンプレックスがあることに気づいた

二〇〇七年頃、仕事を終えて帰宅途中、胸の中のつかえを取ることができた。

コンプレックスがあることに気づいたのである。それまで気づかなかったのである。

幼い頃から通知表や試験の成績が良くなかったせいか、社会人になる頃から多くの本を読んだ。特に読んだのは、頭を良くするための本。どうしたら頭の回転が速くなれるのだろうか、頭脳明晰になれるのだろうか、寝食を忘れるくらい集中できるようになれるのだろうかと、それればかり求め続けていた。野村克也さんが「野球は頭でするものだ」と述べているし、中田英寿さんはサッカー以外でも好奇心旺盛で、語学も通訳なしで話すことができる。プロ棋士の方は、思考力が非常に優れている。自分も頭が良いと人から言われたかったし、認められたかった。

しかし、いくら読んでも読んでも思うようにうまくいかず、苛立ったり卑屈になったりした。体力が衰え頭を使うことができなかったら、役立たずになってしまう恐れがあり、書店に行けば頭を使えるための本を探し、良さそうだと思った本はすべて購入した。しかし、読めば読むほど頭が使えるようにはなれず、泥沼にはまってしまうような感じであった。

それは、コンプレックスが原因だったのである。

私は元々頭の回転が速くなったり、頭脳明晰になれるようなタイプではなかったのである。元々木に登るのがサル、水中を泳ぐのが魚なのだ。サルが木に登らず、水中を泳ごうとするとサルでなくなり、そのまま泳ぐ努力をすればするほど、ノイローゼは深刻になってくるのではないだろうか。

私はコンプレックスに気づけたおかげで泥沼から抜け出すことができた。

野球やサッカーですぐに海外移籍を希望する選手がいるが、海外に移籍しても日本で活躍したようなプレーはできず、帰国してしまうことがある。しかし、日本に戻っても再び海外移籍前のようなプレーができなくなるのが現実ではないだろうか。日本でプレーしていれば長くプレーすることができたのに、海外移籍したほうがいいという価値観で海外移籍をしてしまう。

私は元々頭を使えるタイプではなく、体を使って覚えるタイプなので、今現在はもう頭を使うタイプになろうとする努力はしない。自分に気づくことで生き方が変わり、無駄な努力をしなくなるので周囲に影響されないですむ。

自分を良く知れば生きることが楽になるのである。

名に囚《とら》われず身近なものを

落合博満さんの著書『コーチング』を読み、違った角度からバッティングの状態を把握することを学んだ。通常であれば、バッティングのことについて質問やアドバイスを求めるのは、打者出身の監督や打撃コーチの元へ行くのが普通だが、落合さんは違っていた。

打撃練習後、バッティングキャッチャーに「俺にいつもと変わったところなかった？　遠慮しないで言ってくれ」と尋ね、「バットのグリップが、ほんの少しですが、下がっているようです」などと、雰囲気から技術的なことに至るまで教えてもらったそうである。

打者出身の監督や打撃コーチの方が、現役時代には数字を残している。普通なら数字を残している方にアドバイスを求めに行くのだが、落合さんはそうしなかった。バッティングキャッチャーが、自分が気づかないでいたポイントを教えてくれて、すぐに修正することができたので、落合さんは三度の三冠王や数多くのタイトルや賞を獲得できたのではないだろうか。

打者出身の監督や打撃コーチだけにアドバイスを求めていて、はたして好成績を残すことができたであろうか。落合さんは、名に囚われたりせず身近にいる人や観察力のある人からアドバイスを求める素直さがあったのだ。

このことは普段の生活からでも言えるのではないだろうか。

例えば私が工場勤務で検査課に所属しているとする。工場長から何か言われると工場長の方が偉いと思い、何でも知っていると勘違いしてしまうが、工場長が何でもできるとは限らないのである。検査のことは、現場のリーダーや現場で働いている作業者の方が詳しいのである。

やり方を決めるのは、現場のリーダーである。会社の社長や工場長が何か改善しようとする時、まず現場で働く人たちの声を聞くことを最優先する。社長は会社の代表だからといって、現場の人の声を聞かずに、勝手に改善を進めることはできない。現場の改善をトップダウン方式で進めようとすることは間違っている。それだったらまず手本を見せるべきではないだろうか。そういうこともせず勝手に進めてしまうと、現場の働く人たちから不満がでてきて、現場の空気が悪くなり、人間関係が悪化し、悪循環に陥るのではないだろうか。わからないことや質問があったら、現場のリーダーや作業者に聞くことである。社長や工場長が、現場のリーダーや作業者の声を素直に聞くことで、会社や工場が良くなってくるのである。

掃除をすることで心が磨かれる

『夢をかなえる「そうじ力」』という本がある。舛田光洋さんの著書で、数多くの本を出版され、そうじ力研究会会長で、全国で講演や企業研修を中心に活動されている。舛田さんは、成功本や自己啓発本を数多く読破されたそうである。自分の夢を紙に書いて「私は必ずできる」と唱えて、積極思考やプラス思考に変えようとしても、結局すぐに消極思考やマイナス思考の状態に戻るので、なかなかうまくいかなかったそうである。

私も「俺はできる」「ついてるから大丈夫」とどんなに唱え続けても、積極思考やプラス思考に変わることはできなかった。頭だけで人生を変えようとする行為は、車で例えればエンジンが故障しているのに、ガソリンを満タンにすれば車が動き出すと思い込んでいることと似ている考えだ。

積極思考やプラス思考は、一時的な応急処置ではないだろうか。体を動かしてホウキでゴミを掃き、窓やトイレをピカピカに磨いたり、毎日窓を開けて空気の入れ換えをしたり、部屋にあるものを整理整頓したり、不要なものを捨てたりすることで、室内の掃除はもちろん心の掃除もできて、心が無に近い状態になれるのではないだろうか。

掃除しただけでそうなるのかなと疑問に思われるかもしれないが、実際に掃除をしたものにしかわからない。きれいに掃除をしたからもう二度と掃除をしなくていいということは現実ありえない。不要なものを買わず、整理整頓がきちんとされた状態でも、ホコリや塵はどんどんたまってくるからである。積極思考やプラス思考を頭の中に植え付けてもう大丈夫と思っても、心の底ではマイナス感情が渦まいているのですぐにマイナス思考になる。部屋の掃除と心の掃除は関連性があり、毎日掃除をすることで部屋も心もきれいになれるのである。

三百六十五日掃除をすることで綺麗さが保たれるのである。掃除しなくていい例外をつくろうとしたら、自分に甘えてしまい「まあいいか」と適当にごまかしたりする恐れがあるので、例外は設けない。

数多くの本を読み膨大な知識量の人がいた。接して感じたことだが、知識偏重で行動が伴っていないように感じた。実際行動することは部屋をきれいに掃除するようなもので、行動することで頭の中はすっきりするのではないだろうか。ただ行動するだけでなく、読書もして行動に移すことで人生が好転したり、御縁があったりするのである。

道徳を学び実践する

本を読み講演会に参加して講話を聴いただけで理解できるのだろうか。二十代の頃は、そうすれば理解できると思っていたが、実際はできていなかった。

知識の詰め込み教育、受験戦争の影響で、体よりも頭で覚えることのほうが優れていると思い込んでいた。頭でっかちになっていたのだ。中学受験・高校受験・大学受験・就職試験では体育や美術や技術家庭の科目は評価されない。国語・数学・社会・理科・英語の五科目でしか評価されない。体育や美術や技術家庭が大好きで得意であっても、国語や数学が嫌いだと良い評価はされなかったのである。学生生活を終え、社会へ旅立っていく。大工、調理師、理容師、トラック運転手などは、五教科の知識が直接的に役立つことは、ほとんどないのではなかろうか。

今振り返って思うと、五科目重視の教育で他の科目を軽視することは、偏った教育観ではなかろうか。五科目を教える学習塾や家庭教師はあるのだから、人間教育に大切な他の科目でも学習塾や家庭教師があってもよいのではなかろうか。

私がもう一度学生に戻ることができたら、もっとも勉強したい科目は「道徳」である。小学校・中学校・高校での道徳の時間は、授業はなく自由時間で、私語が多かった。

道徳というカリキュラムがあるのに、なぜ軽視したのだろうか。道徳の授業で専門の先生がいてもいいのではないだろうか。道徳が教育で重視されていたら、今のような殺伐とした世の中にはなっていなかったはずだ。座禅や瞑想もいいが、社会に出た時に、あいさつや言葉遣いや掃除や農作業の重労働など、人に喜ばれ役立つことを実践することで協調性や思いやりが生まれるのではないだろうか。ただ思いやりのある人、精神的に強い人を育てようというだけでは何にもならない。ただの精神論になってしまう。精神論だと具体的にどういうことを実践していけばよいのかわからない。だから、頭で理解するだけでは本当に理解したことにならない。実践しながら教育することだ。

難しいことをするのではない。ラーメン屋で食事をした後、カウンターのテーブルを拭き、器を厨房からとりやすいところに置いてその後に「ごちそうさまでした」と言ったり、落し物があったら交番に届けたり、お年寄りの荷物が重そうだったら手伝ったりする。

大きいことや目立つことだけが立派なことではない。目立たなくてもいいから、小さな善行を実際に実行できて、それを継続できる人が増えてくると世の中はますますよくなってくると信じている。

第4章　毎日実践していること

実践一　ゴミ拾い

ただ本を読むだけで、知識だけが頭に入り頭でっかちになったり、必要でないものばかり吸収し、冷蔵庫の中に賞味期限切れのものがたくさん入っているような感じにはなりたくない。長い間実際に何をすればよいのか悩んだり考えたりした。

自己啓発セミナーに出席し、懇親会に参加するために、トイレに行った仲間を待っている時のことだった。待っている間に仲間の一人が道路に捨てられている煙草の吸殻を拾っているのを見て「これだ」と感じた。ゴミ拾いだったら自分にもできるのではないだろうか。しかし、いざやってみると恥ずかしく勇気がいることがわかり、ゴミ拾いに慣れるのに時間がかかった。

二〇〇七年春だった。道路に捨てられている空き缶を見た時に、見て見ぬふりをすることができなくて、恥ずかしいと思いながらも勇気を出して空き缶を拾ったのである。一個の空き缶を拾うまでにかなり時間がかかったが、拾い始めたらあとは何も気にせずに拾えるようになった。拾い始めてしばらくの間は、空き缶・ペットボトル・空き瓶を中心に拾っていた。目の前に捨てられているゴミしか拾っていなかった。

ゴミ拾いを始めて二年が経った頃には、気づいたら視界が広がり、あっちこっちと身体が自然に動いてゴミを拾うようになっていた。視界に入ったゴミを見て見ぬふりしていたら後悔の念が沸いてくるので、その日のモチベーションにも影響するまでにゴミ拾いが重要になった。しかしその頃は、体調が悪い時にはゴミ拾いを休むこともあった。

だが二〇一〇年からは、体調が悪かろうが、大雨が降ろうが、雪が降ろうが、台風が来ようが、地震だろうが関係なく、現在まで一日も休まずゴミを拾い続けている。

私はゴミ拾いを始める前までは、何をしても長続きすることができず、三日坊主でなく二日坊主と言ってもいいくらい、中途半端ですぐにやめていたのである。腕立て伏せや腹筋、背筋、ジョギングも長く続かず、何をやってもダメな男だと卑屈になっていた。しかし、今は一年三百六十五日休まずゴミ拾いを実践し続けているので、昔のことを振り返ると、よく継続できる自分に変わることができたと思う。

プロ野球選手のように満塁ホームランを打ってヒーローインタビューを受けよう、ファインプレーをしてファンを魅了しよう、などといった派手なことや注目されるようなことはできないが、ゴミ拾いを続けてきたおかげで地味なことなら継続できる自信が身についてきた。

ゴミ拾いをする上で最重要ポイントを伝えたい。それは人がいるところで拾うことは当たり前だが、人が見ていないところでは拾わないのはダメだということだ。人が見ていない時こそ、人が見ている時よりも大切ではないだろうか。人が見ていないところで拾ったら天からご褒美が貰えるのである。どんなご褒美かは人それぞれだが、私の場合はよき人との出会いが多い。これは天からのご褒美だと思っている。頭で理解するだけではなく、実際に拾うことで、ゴミ拾いをする喜びや誇りが実感できるのではないだろうか。

私の場合は、人がどう思うかということは考えない。天の神様がきちんと自分の行いを見てくれていると考えることにしている。要は「徳の貯金を積む」という動機の方が強いのである。毎日ゴミを拾い続けていると、一個でも拾わない日があると落ち着かなくなる自分に変わることだけは確かである。

読売巨人軍やニューヨーク・ヤンキースで大活躍された松井秀喜さんの著書『不動心』の中で、

・心が変われば行動が変わる
・行動が変われば習慣が変わる
・習慣が変われば人格が変わる
・人格が変われば運命が変わる

という言葉を読んで、本当にそのとおりだと思った。

私はゴミ拾いを続けてきたおかげで、それが今では日常生活の一部となった。理屈で考えただけでは、ゴミ拾いをしない理由ばかり考えてしまうので、まずは手を使って一つのゴミを拾ってみて欲しい。一つ拾えば、一つだけきれいになれるのである。

実践二　トイレ掃除

私が毎日実践し続けていることの二つ目がトイレ掃除である。

自己啓発セミナーに通っていた時、参加されているきれいな女性から本を渡されたことがある。小林正観という方の著書である。それには、トイレ掃除をすると金運が上昇すると書かれていた。その時はそんなことはあり得ないと思い、トイレ掃除をしようとは思わなかった。

二〇一〇年に植村花菜さんの大ヒット曲「トイレの神様」で、おばあちゃんからトイレ掃除をするとべっぴんになれると教えられ、トイレ掃除をするようになったという歌を聴いたのがきっかけで、意識が少しずつ変わり始めた。その頃はまだ掃除をしていなかったが、トイレを汚さないように注意しようと思った。

二〇一一年七月九日から毎朝、家のトイレ掃除をしようと決め、その日から旅行などで家にいない時以外は、休みなくトイレ掃除を続けている。旅行先のホテルでも、トイレットペーパーできれいに便器を拭くようにしている。

「金運が高まる」「べっぴんになれる」「仕事運や健康運や恋愛運が上昇する」というきっかけでトイレ掃除を始めるのもいいのではないだろうか。使用したトイレをピカピカに掃除をすれば、次に入った人も気持ちよく使用することができる。トイレ掃除をされるスタッフの方も負担が軽減され、短時間で掃除が済むので相乗効果になる。

なぜトイレ掃除をすると、金運や仕事運や健康運や恋愛運が上昇するのか。自分で実践していて今でもわからないが、ピカピカに便器を磨くだけでとても気持ちがいいのである。

それだけで満足だ。芸能人の北野武さんは、若い頃に師匠からトイレ掃除を命じられ、超一流タレントになった今でも続けられているという。仕事がうまくいき、人よりも評価されるのもトイレ掃除のお

かげだそうだ。

北野武さんの著書『全思考』で「便所の汚いのだけはどうも耐えられなくて、自分の家だろうが、外の店だろうが掃除してしまう」と書かれている。家では毎日掃除していて、他で使用したトイレは自分が汚したら掃除をしていたが、汚れているトイレまでは掃除をしなかった。しかし『全思考』を読んで以来、汚れて臭いがたまらないトイレも、使用したあとはピカピカにして出るようにした。

自他関係なく使用したトイレをピカピカに磨いて出るようになって、心がすがすがしくなった。汚れているトイレを見つけると、見て見ぬふりができなくなった。トイレ掃除をしないと心が落ち着かなくなるのだ。

汚れているトイレをピカピカに磨くことは精神の浄化であり、気持ちに張りが出て日常生活や仕事に意欲が湧いてくる。トイレ掃除をする際、最も気をつけていることは、ドアを開けたまま掃除するのではなく、ドアのカギを閉めて人に見られないように静かに掃除をすることだ。そうすることで陰徳を積むことができることを、小林正観さんの本を読んで学んだ。

トイレ掃除をしたらいいことが起こると知るだけではもったいないし、知っていて行動しないことは、知らないことと同じである。

この際どうか皆様もトイレ掃除を体験されてみてはいかがだろうか。

実践三　あいさつをする

今のご時世、あいさつをすることを蔑《ないがし》ろにしているのではないだろうか。近所の人や職場でのあいさつは、人間関係を築いていくための第一歩である。

近所や職場で人の好き嫌いがあっても仕方がないことであるが、それだけであいさつをするかしないかを決めるのはどうだろうか。

私は、会合や集いや食事会などがあった時に最重要ポイントに置いているのがあいさつだ。社会的地位や影響力がある人であいさつをしない人は、冷めた眼で見てしまう。この人は本当に偉い人かなと思ってしまう。だから私はあいさつを

しない人とは、話さないようにしている。もちろん自分からあいさつした上でのことである。ある食事会である人にあいさつをしたら無視されたことがある。その人は、社会的地位のある方やお金持ちの人にしかあいさつをしなかった。人間性を見るよりも社会的地位やお金持ちという価値観で人を判断することは、とても残念である。

有料道路の料金所の人に、料金を支払ったあとに「お疲れ様です」と言い、夜に宅配便の方が配達に来て、配達証にサインをしたあとに「夜遅くに配達していただきありがとうございます。ご苦労様です」と言い、飲食店で料金を支払ったあとに店員さんに「ご馳走様でした」という一声で、相手の気分は良くなるのではないだろうか。

実践四　はきものをそろえる

家に帰り着き、玄関ではきものをそろえてから室内に入る。そういう習慣が出来ている人は、少ないのではないだろうか。

玄関ではきものが乱雑になっているのを見ると、居ても立ってても居られなくなりそろえたくなる。「読書のすすめ」という書店の清水克衛店長の著書『はきものをそろえる　世界一かんたんな成功法則』の中に詩が書かれている。

「はきものをそろえる」
はきものをそろえると　心もそろう
心がそろうと　はきものもそろう
ぬぐときにそろえておくと
はくときに心がみだれない
だれかがみだしておいたら
だまってそろえておいてあげよう
そうすればきっと世界中の人の心もそろうでしょう

はきものの乱れは、足元が崩れる前兆である。

技術や能力が高く、仕事がバリバリできる人でも、はきものをそろえることをバカにして、はきものを脱ぎ捨てるような行為が続けば、どこかで大きなミスが出てきて、大きな仕事や注目されることばかりに先走りし、目の前のことを疎かにし失敗する恐れがある。

スポーツ新聞や野球関係の本などを読むと、優勝するチームや好成績を残しているチームの大半は、はきものをそろえているのではないだろうか。プロが注目するような選手がいても、はきものをそろえるような簡単な行いができないチームは、好成績を残せないだろう。自分を顧みることをしないし、自分さえよければいいという我が出るのである。

はきものをそろえることは、すごく簡単で軽く見られがちになってしまうが、毎日の積み重ねを続けていると、気づく自分に変わることができる。小さなゴミに気づくようになり、どうしてあの人は仕事ができるの

かと、人との違いを分析することができる。現在与えられた仕事をバカにせず精一杯こなし、はきものが乱れているのを、その都度そろえることで自然と利他の精神が生まれるのである。簡単なことであるが、続けていくことで効果がでてくるのである。

実践五　「今」目の前のことを一生懸命する

飲食店に入店した際、最初に命じられる仕事が大半は皿洗いだそうだ。私もラーメン屋でアルバイトしていた時は、そうだった。皿洗いより、調理の補助やホールに入って接客した方が早く仕事を覚えることができるので、遠回りなことをしなくてもいいのではと思っていた。しかし、皿洗いをすることも大事な仕事ではないだろうか。

来店してくださっているお客様に美味しい料理を食べていただくためにも、お皿に汚れを残さないように、ピカピカに磨こうと一生懸命皿洗いをすれば、使命感を感じながら働けるのではないだろうか。

世の中どんな小さなことや、雑用と言われるようなことでも大切な仕事である。ただ派手で目立ったり、大きなことをこなすような仕事だけが仕事ではない。単純な軽作業をする人がいることで、大きな仕事をする人の負担が軽減され、雑用のような仕事でも、きれいに整理整頓や清掃ができ、職場の雰囲気がよくなる大切な裏方の仕事である。

どんな小さなことや、単純作業や軽作業でも立派な仕事なので、当り前のことをちゃんとやることで使命感を感じ働けるのである。

仕事のことで差別をしたりバカにしたりすることは、やめることである。

実践六　言葉を大切にする

私が言葉を大切にするようになったのは、自己啓発セミナーに通うようになってからである。セミナーに通うようになって、プラス言葉とマイナス言葉を最初に学んだ。

プラス言葉とは、「ありがとう」「幸せ」「運がいい」「楽しいなあ」「感謝しています」「ツキがある」。一方マイナス言葉とは、「バカ野郎」「くそったれ」「むかつく」「ツキがない」「嫌なことばかりだ」「死んでしまえ」「クズだ」など。セミナーに通う前までは、「むかつく」「どうして運が悪いのかなあ」と言うことが多かった。

しかし、セミナーに通うようになって、そのような言葉を使わなくなった。言葉には言霊があることを知った。例えば、親指と人差し指をくっつけてリング状にする。ツキがあるツキがあるとずうっと言い続けて指をくっつけた状態にすると、強引に離そうとしても離れない。しかし、同様にリング状にし、ずっとバカ野郎と言い続けていると、強引に離そうとした時点で、リング状の指は離れてしまう。

それだけ言葉にはパワーがあるのである。

すごくギャンブル好きな人がいる。パチンコで「何で負けるのか、バカ野郎、むかつくなあ」と言い、競馬で「あー、どうして運が悪いのかなあ、ツキがない、腹立つなあ」としきりにつぶやく。

感情的に嫌なことや怒りがあり、憎みたいことや悔しいことがあったりすると、人間は誰もがマイナス感情に支配されるだろう。しかし、口に出して「バカ野郎」とか「運が悪い」「不幸だ」などと言ってしまうことは、福の神様を遠ざけて貧乏神様を引き寄せやすくするので、独り言でも、ブツブツとマイナス言葉を言わないことにしている。

嫌なことが起きて感情的にマイナスのことに支配され、マイナスなことを言いだそうとするのをぐっとこらえ、心の中で踏ん張っていると、いつしかツキが舞い込んでくるチャンスが始まるかもしれない。

幸運が開けたなど口に出して言うことで、マイナスの感情を鎮めることができるのである。

それでも気持ちがおさまらない時は、とにかく体を動かして汗をかくことである。

プラス言葉を言い続けることで、自分にも相手にも、福の神様が舞い込んでくると考えることにしている。

実践七　ショッピングモール

大分県中津市のゆめタウンやイオンモールによくでかける。遠出した時は、北九州市小倉駅前にあるコレットや井筒屋、博多駅の博多阪急、天神の岩田屋や三越、大丸などの百貨店に行くことがある。

ゆめタウンやイオンモールに行くと、駐車場に買い物で使用するカートがたくさん散らかっている。私は店内に入る前に、放置されているカートを定位置に戻すことから始める。カートは駐車場だけではなく、店内の休憩所や通路や各フロアなどに放置されている。安易に放置する人は、通行人のことや、店員さんが片づけなどで無駄な時間を使ってしまうことを考えたりしていないからだろう。

店内に入ると、書店で立ち読みされた本が定位置に戻されず、あちこちに散乱している。時にはそれぞれの本の定位置がどこだったのかさえわからない状態になっている。自動販売機のゴミ箱にオムツが捨てられていたり、衣類もバラバラに散乱していたり、開けてはいけない商品ケースを平気で開けたままにしている。トイレの便器から大便がはみ出ていたり、エスカレーターの手すりが汚れていたり、お菓子のゴミが通路に捨てられていたり、空き缶やペットボトルがトイレに置きっ放しにされている。

休憩のためのソファーやそのまわりにもゴミが置きっ放しにされている。買い物する際ゆっくり商品を探し、休憩するときに、椅子やソファーに座ってくつろぎたいのに、これでは気分よくショッピングモールで買い物ができないのではないだろうか。

私はショッピングモールに行っても買い物をしなくなった。駐車場に散乱しているカートを片づけたり、駐車場内のゴミ拾いをしたり、店内に入って定位置に戻されていない商品を定位置に戻したり、トイレが汚れていたらピカピカに磨いたり、変な言い方だが、買い物に行くよりそっちの方が楽しみになってしまった。

しかし、このような状態がエスカレートすると、将来は通路にゴミが当たり前に捨てられ、店内は汚く、買い物する際のカートが足りなくなったり、通行しにくくなったりするのではないかと危惧している。

第5章　学んだこと

歴史から学んだこと

一九八七年NHK大河ドラマ「独眼竜政宗」が放送された。このドラマを見たことがきっかけで歴史好きになった。歴史上の人物からは、自分の人生に活かすことを学んだ。

まずは、源頼朝である。頼朝は平治の乱で平家に捕えられ、伊豆へ島流しされた。二十年程、平家監視のもとで過ごした。頼朝の妻である北条政子の力を借りて平家打倒に向けて挙兵し、関東地方を制圧し、やがては平家を滅亡させて実権を掌握した。頼朝から学んだことは、天皇がいる京で武家政治をするのではなく、鎌倉で武家政治をすることで武士中心の政治を確立させたことである。頼朝の先見性が武家政治の基盤を確立したのである。

つぎは、毛利元就である。五歳で母を亡くし、十歳で父を亡くし、兄が若くして亡くなり、元就が毛利家の当主となった。毛利家は領土が小さい国人衆であったが、元就の代から少しずつ領土が大きくなった。兵力が少なく力攻めすることができないので、調略をして敵を味方につけ、元就の二人の子を養子へ送り、その家の当主として、毛利側につけて安芸を統一した。

元就にとって最大の合戦は、厳島の合戦であっただろう。敵は数倍の兵力であったから力攻めでは勝利できないので、調略で敵の内部から少しずつ崩していき、敵の重臣を陥れたり、元就の家臣をわざと敵へ寝返らせ、元就の行動を詳細に伝え敵から信用され、厳島におびき寄せることに成功し、見事勝利へと導いたのである。

領土は狭く、兵力も少なく、金山や銀山のような資源があるわけでもない。勝利するために頭を使い、時間をかけて周到な準備をした。カレーライスでも時間をかけて熟成した味にするように、ただ思いついた作戦行動だけで勝利することは無謀である。手間暇をかけることだ。

あと一人は、徳川家康である。信長・秀吉・家康のうち誰が好きかといえば家康である。

源頼朝・毛利元就と同様、家康も幼少期から苦労している。家康の父が家臣に暗殺され、今川家に人質に出され、桶狭間の戦いまで、今川義元から命じられるがままに戦をさせられた。

家康の生き方を変えたのは、武田信玄だろう。三方ヶ原の戦いで完敗したのを機に、信玄からは戦の仕方や家臣団の作り方や領国経営を学んだ。武田家滅亡の際、家康は武田家に関係しているものを隠し、家臣として迎え入れ、信玄のことについて学んだ。「鳴くまで待とうホトトギス」のように、機が熟すのを待ち天下を獲り、約二七〇年も続く徳川幕府の礎を作ったのだ。機を熟すのを待つことと、人から多くのものを学ぼうとした姿勢を家康から学んだ。

この三人の歴史上の人物は、力がつけばつくほど、より堅実になったのではないだろうか。

武将のほかに、江戸後期に豊後国（現在の大分県日田市）に、咸宜園という私塾を設立した廣瀬淡窓先生にも、ものすごく興味を持っている。教育者でありながら、徳を積むことを実践され、「万善簿」という善行記録を作り、一日に行なった善行と悪行を記録し、善行から悪行を差し引いた数がその日の善の数として五十四歳から毎日実践されたのである。廣瀬淡窓先生は、敬天の思想である。

歴史から学ぶことは今の時代でも大切である。歴史を見て何かを学び活かせるように勉強している。

心の声に従う

二〇一〇年三月上旬、ドライブで大分県日田市へと向かっていた。途中、標識の「英彦山」の文字が目に入り、英彦山に行こうか行くまいかと心の中で躊躇した。だが、心の中の声に従い、英彦山へ向かった。

その日は天候が悪く雨で霧がかかっていた。英彦山神宮のお土産物屋近くに駐車し、長い石段を昇り、英彦山奉幣殿にたどり着いて参拝した。それから石段を降りようとした時に、英彦山山頂の文字を見て、また心が躊躇した。雨が降っているし霧もかかっていて、登山することは無理だ。しかし、ここまで来た以上、山頂に登らないと満足感を得ることはできない。再び、心の中の声に従い山頂へ登ることにした。

登山中は雨で体が濡れたり、足元が少し滑りやすく、幾度も転びそうになった。登山道の目印を見つけながら登り、気がついたら山頂へと到着していた。登山するとき目印となるポイントを決めると、苦しくても登ろうという意欲は湧いてくる。山頂からは周りの風景を見ることができず霧の中であったが、山頂に到着できたことで心は満たされた。

心の中の声に忠実に聞いて行動すると、良い方向へと導かれることを学んだ。

その日の夜、布団に入り眠ろうとした時に、ふと長い石段が浮かんだ。熊本県にある三三三三段の石段のことである。布団から起き上がりカレンダーに向かうと、三月二十一日に三三三三段の石段にチャレンジすると書きつけた。パソコンを立ち上げ石段のある所在地とルート案内を調べた。

三月二十一日の早朝家を出発し、四時間程で熊本県美里町の三三三三段の石段入り口前に到着した。石段にチャレンジする際、心に決めていたことがある。落ちているゴミを拾うことと、石段を下りてくる対向者一人一人に「お疲れ様です」とあいさつをすることだ。ただ昇るだけでなく、徳を積むことも、それ以上に大切なことだ。

昇り始めてから二千段までが苦しくて、まだかまだかとしんどかったが、二千段を過ぎて半分以上昇ったからあと一息だと思いながら、三三三三段の字が見えた時、日本一の石段を昇りきることができたと喜び、周りの目を気にせず一人で万歳三唱をした。

三三三三段の石段を昇りきれた喜びも大きかったが、一方ではゴミが多く捨てられていたのが残念だった。拾い集めたゴミで、ポリバケツ用のゴミ袋が一杯になりパンパンに膨れた状態だった。私は少し気分を害して石段をあとにした。

帰宅するために車を走行中、松橋インターへ向かっていたが道を間違えて宇城市へ行ってしまった。宇城市まで行ったのだからと、そのまま熊本市内へ向かった。その日の熊本市内は、天候が晴れて桜がきれいに咲いていて、街並みが美しかった。植木インターから高速道路に乗ろうと車で走行中、乗馬クラブの看板が目に入った。

私は小学校四年生から小学校を卒業するまで熊本市内で過ごしていて、乗馬クラブは同級生の両親が今でも経営しているのである。寄ろうか寄るまいか迷ったが、心の声に従い寄ることにし、同級生とも久々の再会をした。私のことをよく覚えていてくれた。

心の声に従い行動することは、悔いの残らない行動の仕方である。迷ったりしたら心の声を素直に聞いて動くといい。

ルーティンの確立

今の野球界のスーパースターは、やはりイチロー選手である。多くの安打を放ち、好成績を残し数多くのタイトルや賞を獲得され、日米両方で首位打者を獲得、大リーグのシーズン最多安打を更新し、さらに、メジャーリーグ通算三〇〇〇本安打も達成した日本球界最高の至宝だ。

二〇一三年十二月にＮＨＫ「プロフェッショナル　仕事の流儀」という番組で、イチロー選手の特集が放送された。その放送を見てイチロー選手に密かな共通点を感じた。

イチロー選手は、先発メンバーでの出場機会が減り、代打の出場が増えた。普通だったらやる気をなくしたり、今までやり続けてきたことを止めたくなったりするけれど、試合前の準備であるストレッチやキャッチボール、ランニング、打撃練習などは、毎日怠らなかったそうである。当時在籍されていたニューヨーク・ヤンキースの関係者が、イチロー選手について語っていた。同じ時間にストレッチを開始し、同じ時間にキャッチボールをし、同じ時間に打撃練習をするので、まるで宗教の儀式みたいだと。

私も朝目覚めると、すぐにもう一人の自分に「おはようございます。今日も一日よろしくお願いします」とあいさつをする。布団をたたみ、仏壇にお参りをし、トイレ掃除をし、手を洗って食事に入る。食後歯を磨いた後、ラジオ体操をし少しくつろいだ後、出発をする。ＪＲ吉富駅周辺のゴミ拾いをし、そのあと曜日ごとに場所を決めているのでゴミ拾いをし、公衆のトイレ掃除を済ませて職場に到着する。仕事を終え、職場を離れて帰宅途中にも公衆トイレを見つけて掃除をし、帰宅してすぐに仏壇にお参りをする。そのあと入浴をし、入浴後十五分程休んで食事をし、歯を磨いた後に日記と万善簿を記録し、読書した後、布団に入りもう一人の自分に「今日も一日お疲れ様でした。明日もよろしくお願いします」と言って眠りに入るのである。

超一流選手と呼ばれるアスリートは、日々の行動を習慣化できる人である。私は超一流と呼ばれる者ではないが、日々の行動を習慣化できる自信はある。機嫌のよい時だけにしても意味がない。それは継続性がないからである。悔しいことや嫌なことや腹がたつことや悲しいことがあっても、日常生活で決まったことを実行する「ルーティン」を止めないことである。

毎日決まった行動をすると面白味がなくて、単調で億劫になってしまうのではないかと以前思ったこともあった。決まった行動を一日でもサボったりしたら落ち着かず、モチベーションが低下する恐れがでてくる。決まったルーティンを続けることで、気持ちに張り合いが出て、地道にコツコツと積み重ねてやっていけるようになった。

世の中の優れた理論や方法論があっても、ルーティンを続けていないと、実感として理解する力がついてこないのではないだろうか。ルーティンが確立することは、モチベーションや怠惰な生活をしないためのけじめとなり、日常生活を大切に過ごすことができるのである。

学生スポーツ

プロ野球やＪリーグやサッカー日本代表戦や大相撲などをテレビで観戦することがある。高校野球や高校サッカーや高校・大学駅伝など学生スポーツにも興味がある。

二〇一三年度箱根駅伝優勝の日本体育大学は、前年度は箱根駅伝に出場するためのシード権を獲得することすらできず、旭化成で大活躍された谷口浩美さんが在籍された頃の強さはなく、長年成績は低迷していた。日本体育大学駅伝部の監督は、二〇一二年、主将に四年生の選手でなく三年生の選手を指名した。常識的には四年生の選手を指名するのだが、三年生の選手を指名したということは、その選手が実力のある精神的支柱になれる選手だったからだろう。また強化策として、名門高校で数回全国優勝させた元監督を招聘し、生活面の指導を徹底したという。早朝清掃や草むしりをし、朝食を食べない選手には三度の食事を摂らせるようにしたそうだ。箱根駅伝や実業団駅伝、マラソンを見ていて、走り終わったらコースに向かって一礼する選手は、トップになれなくても、安定感のある走りのできる選手だと感じた。怪我なく無事に走り終えた感謝の一礼であろう。

二〇一〇年に甲子園で春夏連覇の偉業を成し遂げた、沖縄県の興南高校野球部監督の我喜屋優さんの指導力も素晴らしい。我喜屋さんは、二〇〇七年に興南高校野球部監督に就任され、その当時、野球部で寮生活をしていた選手を見て、不規則でダラダラ生活では強くなれないと思い、生活改善の指導から始められた。早寝早起き・整理整頓・バランスの良い食事をきちんと食べる。大きな声であいさつをする。自分の意見を自分の言葉で伝える。すると、就任した年の夏に、二十四年ぶりの甲子園出場を決めた。生活改善だけで甲子園出場を決めたのかと思われるが、もちろん野球の練習量も多くこなしたに違いない。言えるのは、生活面を改善することでハードな練習に耐える体力がつき、規則正しい生活をすることで、しっかり睡眠をとり、三度の食事をきちんと摂ることで集中力が増したのだろう。

二〇一〇年夏の甲子園で、四番打者が絶不調に陥っていた。周囲からいつまで四番で使うのかと批判されたが、監督は頑なに変えなかった。なぜならその選手は、ゴミ拾い・グラウンド整備などを一生懸命やり続けてきたからである。その選手は徐々に調子を戻し、甲子園大会の終了後の、高校選抜メンバーに選ばれ大活躍したのである。

技術や能力だけでは、パフォーマンスを発揮することはできないが、規則正しい生活をすることでパフォーマンスは発揮しやすくなり、集中力が高まるのではないだろうか。

プロに進み、またオリンピックに出場するアスリートは限られている。しかし根本である日常生活を一生懸命やり抜くことで、人間力を磨くことなら誰にもできるのではないだろうか。

独　学

独学する姿勢や徹底的に突き詰めて勉強することで、人を当てにせず、自分自身を信頼できる大切さを学ばせていただいた方がいる。

短大生の頃、情報処理学科の先生がいて、コンピュータのハードウェアやソフトウェアの事なら何でも知っている超スペシャリストと言ってもおかしくない先生であった。当時、私は先生の前では素直になれなくて、生意気な態度をとったり嫌な先生だと思ったりしたが、今思うと尊敬している。私は先生には特別に優れた能力があり、コンピュータの覚え方に、何かコツがあるのではないだろうかと質問したことがある。先生は「とにかく本を読んでコンピュータを扱いまくること」と、ただそれだけを言われた。

先生は大学生・大学院生の頃、通っていた大学にコンピュータ系を専攻する学部や学科がなく、他の学科を専攻されていたそうである。先生の周囲には、コンピュータに詳しい先生もおらず、自分で本を買って一生懸命読みながらコンピュータを扱って覚えられたそうである。

それから私も、人生哲学の本を読むときは、体を動かして実践することによって本の内容を深く理解するようにした。学校や習い事の教室やセミナーにすぐに通おうとせず、まず自分で本を買って読んで勉強していった方が、本の内容の理解度が増し覚えが早くなるように思う。先生からは、自分で勉強する独学の精神を学んだ。

私の中には、もう一人独学の精神の方がいる。世界中の建築界でも有名な安藤忠雄さんである。安藤さんは高校卒業後、アルバイトをしながら独学で建築家への道を進まれた。大学の建築学科に進学している友人から聞いて教科書を購入し、昼休みや空いた時間に教科書と格闘しながら勉強した。そうした小さな積み重ねによって、やがて大きな仕事も依頼されるようになり、世界的建築家になったのである。

独学で建築の勉強をされるとは並大抵のことではなく、独学でも建築家になるという気概と、空き時間に集中して勉強された質と量から、安藤さんは建築家になられたのであろう。

今の世の中、本以外にもＤＶＤやＣＤ、スマホでも勉強できるように進化し、習い事や教室でも、手とり足とり教えられるので恵まれている。しかし、過保護過ぎるせいか、いつでも勉強できるという安心感によって結局勉強しなくなる恐れがあるようにも思う。

独学することで孤独感や不安感が生じ、手とり足とり学んでいる人や優秀な先生のもとで学んでいる人より劣っているかもしれないと、感じたり意気消沈したりするが、独力で完成できたときの達成感は、何ものにも代えがたいと思う。

読書のすすめ

東京都江戸川区に「読書のすすめ」という本屋さんがある。店の広さは、マンションの一室ぐらいで、小さくてユニークなお店である。

なぜ「読書のすすめ」を知ったのか。ある方の本を読んだ時に「読書のすすめ」のことが紹介され、気になったのでパソコンで調べ、「こういう心境なので心境に合った本を紹介していただけませんでしょうか」とメールを送信すると、数日後、何冊かの本のタイトルと内容が紹介されたメールが返信されてきた。

「読書のすすめ」の店長である清水克衛さんは、大学卒業後、コンビニエンスストアの店長をつとめた後、本屋を開業し、大繁盛店となりテレビでも紹介され、本のソムリエと呼ばれている。

二〇〇五年に「読書のすすめ」と出会い、本を買うようになり、十年経つ。清水店長から、「成功法則の本ばかり読んで成功オタクになるより、小説や物語など心が感動する本を読んでほしい」と言われたことがある。私もそのとおりだと思う。成功法則やノウハウ本をいくら読んでも、体を動かしもせず実践もしないで、この本にはこうしたほうがいい、ああした方がいいと書かれていたと、机上の空論ばかり語っても意味がないし説得力も乏しい。

清水店長から紹介された本で、気に入った本が二冊ある。

一冊目は、喜多川泰さんの『「福」に憑かれた男』である。主人公である本屋の主人が、近くに大型書店ができることがわかると元気がなくなった。大型書店が近くにできるのは、福の神が本屋の主人に幸せな人生を送ってもらいたいから試練を与えたのである。

「福の神が憑く条件として、「人知れずいいことをする」「他人の成功を心から祝福する」「どんな人に対しても愛をもって接する」どれか一つでも条件を満たしていれば、福が憑くのである。主人公である本屋さんは、儲かることばかり考えるより、人に興味を持ち、思いやりがあり、そのうえ、読者にピッタリの本を紹介する本屋さんへと変わっていくという物語である。

もう一冊は、清水店長の『5％の人』である。この本は、大衆の意見に左右されないことや、コツコツと続けること、人を喜ばせようとすることなど内容が豊富なので、全部伝えることはできない。ここでは、心の横糸と縦糸について紹介する。

心の横糸とは、ある地域や時代にあった考え方のこと。例えば天皇ではなく武士が実権を握っていた時代は、一夫多妻制であったり、七〇年以上前は戦争が正しかったり、終身雇用制の企業がほとんどだったが、現代では契約社員や派遣社員が当たり前になったりと、時代によってコロコロと変わるのである。

一方心の縦糸とは、決して変わらない不変の真理みたいなものである。例えば食事をするときに手を合わせていただきます、食後にごちそうさまでしたと言ったり、仏壇に手を合わせてお参りをしたり、靴を脱ぐ際はそろえ、人の靴が乱れていたらそろえ、トイレを使用した後は、次の人が気持ちよく使用できるように、トイレをきれいにしたりするなど、当たり前の行為である。バブル経済の時代、ＩＴの時代、ゆとり教育、知識偏重教育、女性社会進出、国営化から民営化に換っていったり、テレビ番組の「秘密のケンミンショー」でそれぞれの県で食べ方や考え方が違ったりする。しかし、地域の違いや時代が激動しても、人への思いやりを忘れずに、当たり前の行為を変わらなく続けることである。

今ではスマホが大人気で所持されている人が多いが、スマホを持っているせいで睡眠不足になったり、人とのコミュニケーションがなくなったり、あいさつをしなくなったり、人間として当たり前のことをすることは忘れてはいけない。スマホ依存症になり人間味がなくなる前に今のうちから規則正しく、思いやりをもって生きて欲しい。

スマホのことで少し話が変になってしまったが、時代に合わせ過ぎて、人情や当たり前の行為を失ってはいけないことを『５％の人』から学ばせていただいた。ただ本を読んだだけで実践しなければ、時間の無駄であり、知らないことと同じである。

人間の体で例えれば、たくさん読書して実践しないことは、たくさん栄養をとり肥満体になることと同じだ。たくさん読書をして実際に行動に移すことは、たくさんの栄養素を筋肉質の体に変容することと似ている。

本を読んで実践すれば、人生観は大きく変わる。清水店長と出会って、読書スタイルが変わり、本を読み実践し、よき人との出会いが増えて人生が変わってきた。生涯この読書スタイルを貫き通したい。

素振りから学んだこと

素振りは野球だけでなく、剣道やテニス、卓球、ゴルフ等もあるが、ここでは野球の素振りについて書く。

元福岡ソフトバンクホークス監督で、本塁打八六八本放った王貞治さん、日本プロ野球安打記録三〇八五本を放ち、現在は野球評論家で毎週日曜日TBSの「サンデーモーニング」のスポーツコーナーで「喝！」と強い口調で言われる張本勲さん、三冠王を三度も獲得され現在は中日ドラゴンズゼネラルマネジャーの落合博満さん、私と同じ昭和四十九年生まれで、読売巨人軍やニューヨーク・ヤンキースで大活躍された松井秀喜さんや他にも大活躍された選手は大勢いるが、大活躍された選手に共通していることは、血が滲むくらい数多く素振りをされたのではないだろうかということである。

素振りは一人でもできるし、バット一本さえあればどこに行ってもできる。ウエートトレーニングでボディビルダーのような筋肉質の体にしただけでは、ボールを遠くへ飛ばすことはできないと思う。バットを振り込むことで力がついてきて、遠くへ飛ばせるのではないだろうか。体を大きくしただけではボールを遠くへ飛ばすことはできない。

数年前、飛ばないボールが使用されることになったとき、本塁打や安打が減ったのはそれが原因だと言われたことがあったが、数多くバットを振り込むことさえすれば、その問題は解決できたのではないかと思う。

私は二〇〇七年から毎日ゴミを拾い、二〇一一年からはトイレ掃除も一日も休まず続けているが、そんなことをやって、何になるのかと言われたりすることがある。今の御時世は、時間もかからずすぐに出来上がる即席ラーメンのように、簡単に結果を求め過ぎていないだろうか。

書店に行くと、すぐに成功できる〇〇本や一週間でできる〇〇本のように、実践してすぐに結果が出る本がたくさんがある。野球で例えれば、優れた打撃理論を学んだだけですぐに打てるようになり結果が出せるなどということは、現実ありえないのである。毎日、時間が経つのも忘れるくらい、血の滲むくらいバットを振り込んでいくことで、ある日ふとした時に、打撃理論が理解できるのではないだろうか。

バットを多く振り込んだ上で、初めて理論が理解できる。一年三百六十五日休まずに数多くのゴミを拾い、使用したトイレはピカピカに磨き込むことで人生哲学が理解できることと類似している。人生哲学の本をよく読む方は、本を読んだだけで理解できた気になってしまうので、数多く実践した上で初めて理解できることを体現してほしい。

執着し過ぎない

前の章にトイレ掃除のことで少し小林正観さんについて書いたが、ここでは小林正観さんから学び、実践して自分がどう変わったかについて伝えたい。

小林正観さんのことを知ったのは、二〇〇六年に通っていた自己啓発セミナーに参加されていた三十代のきれいな女性からだった。本を読んで気になった箇所が、トイレ掃除をすると金運が高まるというところである。本当だろうか？　「そんなことをしても金運が高まるわけがない」と、信じられなかった。

二〇一一年七月九日から、私は毎日トイレを掃除するようになり、今では使用したトイレをピカピカに磨いて出ないと落ち着かなくなった。

小林さんには、「一週間に何回トイレ掃除をすればよいのか」「何回磨いたら金運が高まるのか」「毎日掃除をしなければならないのか」といった質問があったそうだが、私から言わせれば、何回掃除をすれば金運が高まるとわかっていないと掃除をしないの？　保証がないと掃除をしないの？　である。

毎回使用したトイレは、使用するたびにピカピカに磨いてから出ればいいし、そうすることで回数のことは気にならなくなり、いつしか金運が高まることも考えなくなり、ピカピカに磨くことで満足するようになってくるのである。

二〇一四年十月二十八日、日本シリーズを観戦するためヤフオクドームに行った。六回表が始まりトイレに向かった。小便をするはずだったが、大便用のトイレが汚れているのが気になり、ピカピカにトイレを磨いている時に、ふとこういう思いが浮かんだ。「お金を一年間で何百万円貯める」「この試合は絶対勝たないといけない」「一ケ月で何キロダイエットしなければいけない」「一年間に何億儲けなければいけない」と思い込んだり執着し過ぎたりすると、生きることが苦しくなるのではないかと気づいたのである。

先の事ばかり考えて生き、ビジョンを立てて生きても、人生は思い通りにはならない。結果や成果はお任せして生きる方が気楽で、無理せず黙々と働いて日常生活を生きていれば、無に近い状態になれる。

このことは「金運が高まることよりも心が無に近い状態で生きていくことが大事だよ」という、天の神様からのメッセージだと気づいたのである。それに人間は精密機械ではないのだから、思い通りにいかないのは当然である。

二〇一一年に小林正観さんは亡くなられたが、学んだことを今後も実践し、これから運命や人生がどう変化していくのかが楽しみである。小林正観さんの本は、シンプルで非常にわかりやすく、実践すれば、より一層理解できるので何かを実践したいと考えている人にお薦めしたい。

サッカーから学んだこと

野球観戦と同様サッカー観戦することも好きだ。Jリーグで興味のあるクラブは、鹿島アントラーズである。鹿島アントラーズのどこに興味をもっているのかと言うと「哲学」である。

鹿島アントラーズは、Jリーグ発足前は弱小チームだった。弱小チームを強豪チームへと変えた男が、サッカーの神様と呼ばれた元ブラジル代表で元日本代表監督を務めたジーコである。ジーコは、中学生でもする基本練習を、苦痛になるくらい反復させたそうである。基本練習をせずにただ高度なテクニックを磨こうとしても土台ができていないと、高度なテクニックを磨くことはできない。そのことを選手にジーコ自らが体現して、チームを変えた。

Jリーグが誕生し二十年以上も経つが、鹿島アントラーズだけはチーム哲学が変わっていないし、ぶれていない。ジーコから学んだブラジル流のサッカーを貫き続けている。チーム経営が赤字になったり成績が思うように残せないと、ブラジル流からドイツ流に変えたり、オランダ流に変えたり、旧ユーゴスラビア流に変えたり、韓国流に変えたり、フランス流に変えたりと周りのクラブの真似をし、独自のチーム哲学を失うクラブがあるなか、鹿島アントラーズだけは他のクラブを気にもせず真似もせず、独自の哲学やスタイルを築いていったことだけでも魅力のあるチームである。優勝争いをすることは難しいが、毎年安定した成績を残せるチームであることだけは間違いない。

自分が毎日続けている実践で、すぐにうまくいかないからと言って止め、うまくいかなくなるたびに、コロコロと違うことを実践するようでは、哲学を堅持することはできないだろう。人生はいいことばかりではない。しかし、時にはいいこともある。毎日休まず実践することで、哲学を持った、ぶれない生き方が確立されていく。そのことを鹿島アントラーズから学ばせていただいた。

もう一つサッカーから学んだことは、中田英寿さんの語録に書かれている「基本があれば、一を一〇〇にすることだってできる」である。「派手で美しいプレーを見せようと思ったら、地味な練習を死ぬほどしないと。基本があれば、一を一〇〇にすることだってできるんだから。基本がない選手は、いつか消えていくだろう」と話している。

中田さんの練習で最も時間を割いたのは、地味な対面パスである。何度も何度も繰り返し、ただ蹴るだけでなく、足のどの部分でどれくらいの力で蹴ると、どういうパスになるのか意識しながら練習するという。日本代表やセリエAで長年活躍された礎ではないだろうか。

ゴミ拾いや掃除やはきものをそろえる時、ただゴミを拾ったり、塵をとったり、はきものをただそろえたのでは意味がない。ゴミが捨てられていないか、はきものが乱雑になっていないか、汚されていないかと常に意識していると、気づく力がつき、反射的に自然と体が動き、周りの状況がよく見えてくるのである。

中田さんは、サッカーだけではなく、頭脳明晰で語学からビジネスの分野でも成功され、文化活動でも大活躍されている。「基本があれば一を一〇〇にすることだってできる」ことは日常生活でも活かせることではないだろうか。夜更かしや遊び過ぎて生活リズムを乱し、ダラダラしたメリハリのない生活をするより、規則正しく、三度の食事をしっかり摂り、ストレッチやラジオ体操で心身をほぐす。点検や確認ではただ見るだけではなく、指差し、呼称し、ものに触れて確認したほうが、間違いの率が減る。

何も考えずただやるのではなく、意識しながら地道にコツコツと耐えてやっていくことを、中田英寿さんの語録から学んだ。

二人の社長

私にとって二人の社長との出会いは、幸運でありすごく勉強になり、日常生活で活かされている。

一人目の社長は、私と同じ昭和四十九年生まれの、顔はとてもハンサムで、大分県中津市の「陽なた家」という飲食店のオーナー永松茂久さんである。福岡市でも飲食事業を展開され、本を何冊も出版され、全国で講演活動をされている。ここからは茂さんと書くが、二〇〇六年に茂さんのお店に初めて食事に行った時が出会いの始まりである。店内はとても清潔で店員さんもすごく元気があり礼儀正しく、茂さん同様に顔がハンサムな人たちで、接客態度がとてもいい。あるとき食事に行ったら、お店がとても忙しく、店員さん達とは言葉を交わすこともできなかったが、注文した料理を持ってくるときに「敬三ちゃん遅くなってごめんね」と言ってくれ、私が店を出る際は「敬三さんありがとうございました」と言われ、茂さんの教育でしっかり躾けられていると感じたのである。今後も食事に行きたい店である。

茂さんから学んだことがある。一つは、現在、目の前のことを一生懸命することである。著名人や社会的地位の高い人や影響力のある人の前だけで一生懸命に接するのではなく、「今」目の前にいる人に一生懸命接することで、その人は喜び、親和の輪が広がっていくのである。そうやってお客様のリピートが増え、仕事も増え、導かれるように人生が好転するのである。

例えば俳優を志す方で、通行人や斬られ役やエキストラのような役だけしかまわってこなかったとしよう。セリフもほんの一言だけで画面に映るのも三秒程度。だから一生懸命演じなかったら、多分いつまで経ってもその役だけしか回ってこないだろう。どのような端役でも一生懸命演じることで認められ、少しずつセリフの行数が増え、画面に映るようになっていくのではないだろうか。そうした努力により、主演やメインキャストに選ばれた俳優も数知れない。

セリフが一言程度の役だからと言って、バカにしたり手を抜いたりしてはダメである。どんなことでも現在目の前にあることを、一生懸命することである。どんな小さなことでもバカにしてはいけない。

もう一つ学んだことは、徳の貯金である。ある日、茂さんのお店に食事に行った時、茂さんと話ができた。当時働いていた会社のことを話した。「毎日職場の人は掃除をしなく、空箱や紙屑やガムや飴のゴミが、通路に平気で捨てられ散らかし放題、自分は毎日人に気づかれずに片づけているけど改善できない。どうしようもない人が多いなあ」と嘆いた。茂さんから「お前いいことしているじゃないか。悪く思わず、そのことを感謝として受け止め続けろ。そうすれば、徳の貯金が貯まり、その金利がお前のもとにやってきて、いいことが起こる。逆に文句や悪口を言うと、徳の貯金がなくなりその金利がマイナスになり、嫌な事が起こりやすくなる」と言われた。それ以来、ゴミが捨てられていても文句を言わなくなり、トイレが汚れていても、このトイレを磨けることを感謝として受け止め、徳の貯金を貯め、状況が好転することを学んだことは有難い。茂さんのおかげで徳の貯金が貯まっている。

もう一人の社長は、藤本照雅さんだ。ここからは照社長と書くが、照社長は大分県中津市でお米を中心とした事業を展開され、地域では人気のある会社の経営者である。私より二十歳以上も離れた年長の方である。

照社長とは、茂さんの紹介で出会った。出会ってすぐに可愛がられ、意気投合したのである。照社長から学んだことも二つある。一つは「眼力」である。照社長は、著名人や経営者の方や社会的地位や名誉あるなしに関係なく、人と出会っては学び、何かを吸収しようとされる。本を読み講演会に参加し、一つでもいいから何かを吸収し、実践し続ける意欲のある人を大切にして接しておられる。私のような社会的に影響力のない人間でも、大切に接して下さる。社長だからと近寄ろうとする人には、距離を置かれていた。照社長は歴史上の人物で例えれば、武田信玄のような人物である。人は石垣、人は城と称するように、人を大切にされている。社会的に何の地位も名誉もない私にも、大切に接して下さったことには心から感謝している。

照社長からもう一つ学んだことは、「私がやっているからあなたもやりなさい」と言ってはいけないということである。私は皿洗いをやっている、だからあなたも今日からやりなさい、と言われると相手はどう思うであろうか。おそらく余計なお世話だ。あなたから言われる筋合いがあるのかと、心が傷つくのではないだろうか。

子供の頃よく、勉強しなさいと言われると余計勉強したくなくなった。あの人が大学に進学するから、あなたも大学を目指しなさいと言われると、余計に勉強が嫌になり大学に進学したくなくなる。ではどうすればよいのだろうか。相手のことを尊重しながら、相手が気づくまで見守ることではないだろうか。

照社長の会社の従業員の方々が、照社長が長期不在の時でも一生懸命働くのは、社長に思いやりがあり、従業員のことを信頼し尊重しているからではないだろうか。照社長は、二〇一三年に天国へ旅立たれたが、照社長から可愛がっていただいたことを、心から感謝している。

照社長、天国から私のことを見守り、悪い点がありましたら注意してください。お願いします。

段階を踏んで覚える

桑田真澄さんは、ＰＬ学園で甲子園優勝二回、準優勝二回、ベスト四が一回と甲子園に出場した成績は、全てベスト四以上の好成績を残された。ＰＬ学園卒業後、読売巨人軍に入団。通算百七十三勝し、最優秀防御率、沢村賞、ゴールデングラブ賞などを受賞した。桑田さんは、運動能力が優れているだけでなく、学習能力も非常に優れた方である。

現役時代、自分を伸ばすために、数多くの投手に質問し、野手にも質問し、カンフーを学び、ピアノを学び、そこから何かヒントを得ようとする桑田さんの姿勢に、見習うというより、実際に行動に移し、吸収したいと思った。私は桑田さんの著書『心の野球』を読んで物事のやり方、学び方を知った。

ＰＬ学園時代、桑田さんの球種はストレートとカーブだけだった。読売巨人軍に入団し、一年目もストレートとカーブだけだった。二年目からスライダーの習得が始まった。スライダーを習得するのに二年を費やした。スライダーを二年かけて習得したら、次はシュートを習得するのに二年を費やした。通常の選手ならスライダーを覚えたらすぐに次の球種を覚えたがり、指導者も選手には先へ進んでほしいから、習熟できていない段階から次の球種を覚えさせようとする。桑田さんの、一つの球種に二年かけてじっくりと習得するやり方は、あれもこれも手を広げず、段階を踏んで理解するやり方である。

これが今の時代、忘れられているのではないだろうか。土台をしっかり築こうとせず、建物ばかり築いても、いざ災害が起こったら地盤がしっかりしていなければ建物が崩壊してしまうことと似ている。だから物事は先走りをせず、一つ一つ丁寧に段階を踏んで理解すべきではないだろうか。

桑田さんは、野球センスは言わずとも素晴らしい持ち主であるが、人間力も素晴らしい選手だったのではないだろうか。著書『心の野球』には、表の努力と裏の努力の二種類の努力が書かれている。表の努力とは、ピッチング練習やバッティング練習やウエートトレーニング。裏の努力とは、ゴミ拾い・トイレ掃除・靴をそろえる・あいさつ・返事・グラウンドの草むしり。桑田さんは、表の努力は他の選手に負けないくらい積まれたが、裏の努力も表の努力以上に積まれたのではないだろうか。裏の努力は誰にも見られないように続けられたそうである。

裏の努力を表の努力以上にされたのは、ＰＬ学園の同級生でプロに入っても大活躍された、清原和博さんの存在があったからだそうである。体も桑田さんよりもかなり大きくてパワーもあり、清原さんにはかなわないと思われたそうである。野球の練習だけなら、桑田さんは清原さんとの実力の差がますます開かれていただろう。裏の努力を人一倍努力されたから、プロで清原さん同様に活躍されたのである。

私も能力や技術だけだったら、人生うまくいかなかったであろう。裏の努力を長年続けることでツキや運が貯金され、人生が好転してくるのである。人生を好転させたいのなら、表の努力以上に裏の努力を積むことである。

突き詰める

プロ野球界でもっとも尊敬している人は、落合博満さんである。

落合さんは、現役時代三度の三冠王を獲得され、数多くのタイトルや賞も獲得され、日本人初の一億円プレーヤーとなり、監督としても二〇〇四年から二〇一一年までの八年間で優勝四回、三位以下にはなったことがなく、好成績を残されたのである。

二〇〇七年には、中日ドラゴンズを五十三年ぶりに日本一へと成し遂げられた。落合さんは現役時代に、血の滲むくらいバットを数多く振り込んだそうである。

現在の野球界では、ウエートトレーニングが中心のトレーニングになっている傾向が強い。ベンチプレスを何回も上げ、マシントレーニングをする選手が多い。しかし、ボディビルダーのような筋肉質の体質に変わっただけでは、長打を打つことはできないだろう。野球は、打って、走って、守って、投げるスポーツなのでそういう練習を数多くやった方が、野球の技術が伸びるのではないかと素人ながら見て思うのだが。

やはり、数多くバットを振り込むことが、長打を多く打てるのではと思う。日本人打者でシーズン本塁打を五十本を放った選手は、落合さん以来、松井秀喜さんである。落合さんは松井さんよりも体は小柄、しかし松井さんよりも多く本塁打を放っている。体を太くし、力任せに打とうとしていたら、成績は伸びなかったのではないかと思う。

落合さんの本やテレビや動画を見て感じたことは、野球選手は野球で体を作って、技術や能力が伸びてくると思った。変わったことや違ったことをしていては、伸びることはないと思うのだ。パワーストーンやお守りやキラキラしたバッグを持つとツキがやってくると言われたり、パワースポットに行くと良くなると聞いたりしたことがあるが、私はそういうことをするよりも、身近にできることを毎日休まず続ける方が、運勢は良くなると思っている。

仕事でも数多くこなすことで上手くなる。料理が上手くなりたいのなら、数多く料理を作ることである。知的になりたいのなら、数多く本を読み勉強することで知的になれるのである。即席ラーメンのようには、人生は、即席には成し得ないと感じている。基本練習を誰よりも数多く練習することこそが、上達のための一番の近道ではないだろうか。

落合さんの著書『コーチング』の中で、やり方を間違えないことが大前提で、やり方さえわかれば、あとは突き詰めるだけでよいという項目が勉強になった。どう勉強になったのかと言うと、一つのことを徹底的に突き詰めることで、時間の感覚を忘れるほど集中できるのである。心の中で何かを突き詰めながらしていると、時間が経つのが早い。

私は、不器用な性格なので、突き詰めたやり方の方が性に合っている。一つのことを突き詰めることで次第に上達し、実力がついてくるのである。一方、気分で左右されたり、時の勢いに任せたり、力任せになり、あれこれといろんなことに手を広げすぎると、力をつけていくことは難しくなるのは当然である。私はその項目を読んで以来、毎日実践することを休まず続けている。実践することで人生が好転し、よき人との出会いが増えてきたのである。

第6章　福岡に徳を積む旅　一日目

床屋のマスターとの会話がヒント

中津市内にある「髪笑」という床屋に月一回散髪に行く。床屋のマスター高藤和光さん、愛称「みっくん」との出会いは、二〇〇八年の秋に食事会で、みっくんから話しかけられたのがきっかけで散髪に通うようになった。私より歳が一つ下である。

「髪笑」は今では中津市内では大繁盛店である。みっくんは、企画力がありアイデアも溢れていて、行動力のある人物だ。公園のトイレ掃除をされたり、広島の原爆病にかかっている人へ定期的に募金をされたり、来店されたお客様にクジを引かせ、お金やカット料金の割引、ポイントが貯まったら一〇〇〇円安くするなど、お客様を喜ばせる床屋である。顔剃りやシャンプーが終わり、仰向けに倒された椅子を起こす際には「お疲れ様です」と必ずお客様に言う。小さな気配りをされるみっくんと、相棒ののりおくんである。

二〇〇九年秋頃、散髪中みっくんが、「今度一円も持って行かず、一日どこかで働かせてもらい、そのお金を中津に帰るための交通費にする無銭旅をしようと思っている」と話された。「どこからスタートするの？」と聞くと「湯布院から」と言う。何と面白くて勇気のある企画だと思った。

みっくんは、二〇一一年三月十一日の東日本大震災の数日後、中津のラジオ局で募金を呼び掛けたりもした。みっくんの企画力と行動力は、楽しそうでチャレンジ精神も旺盛だ。そんなみっくんの話を聞くと刺激を受け、私も行動力のある人間になろうと心を新たにする。

二〇一三年の秋、ふとアイデアが浮かんだ。「徳を積む旅をしよう」と思ったのである。歩道や地面に捨てられた空き缶や空き瓶やペットボトルを拾い、袋がいっぱいになったら近くの容器箱に収納する。公衆トイレやコンビニに立ち寄ったら、ピカピカにしてからトイレを出る。倒れている自転車を見つけたら、自転車を立て戻す。お年寄りや体の不自由な方が買い物をしていたら袋入れを手伝い、店を出るまで代わりに荷物を持ってあげるなどの旅である。

特別に難しいことや珍しいことをするわけではない。誰でもできることである。私はその旅をどこで始めようか考えた。住んでいるのが福岡県、九州一の大都会は福岡市、アジア各国から来日される際の日本の玄関でもある。福岡市で徳を積む旅を実行することにし、さっそくインターネットで検索して、天神のビジネスホテルを予約した。

小倉

二〇一三年大晦日、自宅でNHK紅白歌合戦、行く年来る年、ジャニーズの年越しライブを見ながら二〇一四年を迎えた。正月三が日は、実業団駅伝・箱根駅伝のテレビ観戦をする駅伝三昧だった。一月三日の箱根駅伝の放送が終わり、いよいよ明日は、福岡に徳を積む旅への出発である。自分以外は誰も知らない計画だ。自分でチャレンジすることを決めたので、何が何でも達成したい気持ちでいっぱいだった。コースも決めている。一日目は、JR博多駅前から、ももちパレスを折り返し、シーサイドももち、ヤフオクドーム、大名、天神のコースである。二日目は、天神、大名、中洲、箱崎、JR九産大前駅を折り返し、香椎、筥崎宮、千代、JR博多駅前までのコースである。

一泊二日の間一回も乗り物を使用せず、徒歩のみの旅をするのが、自分で決めたルールである。誰一人知らないし、見てもいない。それでいい。目標を達成して喜びたい。そのことだけを考えていた。

一月四日午前六時三十分に起床した。心の中にいるもう一人の自分に「おはようございます。今日も一日よろしくお願いします」とあいさつをし、布団をたたみ、仏壇の前で手を合わせ、トイレ掃除をする。トイレ掃除が終わり、朝食を摂り、歯を磨き、着替え、少しの間ソファーでくつろいだ後、午前七時三十分に家を出発した。

家から徒歩でＪＲ吉富駅まで向かう。約十分かかる。活動のメインは福岡市にしているが、家の敷地から一歩でも出た瞬間から、福岡に徳を積む旅の始まりである。駅に向かっている途中でも、道路に捨てられているゴミを拾うと、見ていたおばさんから「いつもありがとう」と言われ、幸先の良いスタートが切れて嬉しかった。

ＪＲ吉富駅から電車に乗り、ＪＲ小倉駅へ向かった。ＪＲ小倉駅に到着したのが、午前九時三十分前後だった。ＪＲ小倉駅から出て、魚町商店街周辺をゴミ拾いすることにした。ストリップ劇場やパチンコ屋や居酒屋界隈に、ゴミが多く捨てられていた。今回の福岡に徳を積む旅で拾うゴミは、空き缶・空き瓶・ペットボトルで、ゴミ袋は空き缶やペットボトルが一袋二十本程入るゴミ袋を使用することにした。ゴミ袋は百袋を用意した。すべてのゴミを拾いたいという気持ちはあるが、すべて拾っていたら時間がいくらあっても足りないので、拾うゴミの種類を絞ったのである。

正月三が日過ぎということもあり、多くの歩行者がポイ捨てをし、コイン駐車場には、空き缶やペットボトルが置き捨てにされている。自分の車中で飲んだ空き缶やペットボトルを車内に残したくないので、置き捨てにしたようだ。パチンコ屋の前には、缶コーヒーや煙草の吸殻が多く捨てられていた。

北九州市の小倉区内で、多くのゴミが捨てられていたので、福岡市のゴミの量は、とてつもないゴミの多さになると思った。空き缶・空き瓶・ペットボトルが袋いっぱいになると、近くの容器箱に収納する。魚町商店街を中心とした小倉区内でのゴミ拾いは、四袋を使用した。福岡市ではゴミ袋が足りなくなると想定した。JR小倉駅に戻り、特急ソニック号に乗車し、JR博多駅へと向かった。

JR博多駅

午前十一時過ぎにJR博多駅に到着した。電車から降りると、駅構内のトイレに向かった。大便器を使用した。トイレは便器が汚され、ゴミも捨てられていた。トイレを汚したまま出ると気持ちが悪いので、常にトイレをきれいにしてから出る。ピカピカに磨き、気持ちよくトイレから出ると改札口を経て、博多口へと向かった。

博多口へ向かう途中、自動販売機の上には、空き缶やペットボトルが置き捨てされていたのでもちろん拾う。ＪＲ博多駅はリニューアルされ、まだ年数が経っておらず真新しい建物なのに、自動販売機の上には空き缶やペットボトルが置き捨てられ、通路にもゴミが捨てられているのを見ると、日本人のマナーがますます悪くなっているのではないかと、心が痛む。

博多口を出ると、博多バスターミナルの横を通って、博多口の真裏である筑紫口へ向かった。バスターミナル横には、缶コーヒーの空き缶が多く捨てられていた。この時期寒いから、缶コーヒーの空き缶が多くなる。今からどれくらいゴミを拾っていくのかと思うと、歴史で例えれば、宮本武蔵が一乗寺の決闘で吉岡一門に向かって斬りこむように、多くのゴミを拾い込む戦いが始まる心境だった。

ＪＲ博多駅筑紫口は、グリーンホテルや居酒屋・飲食街界隈には、ゴミが多く捨てられていた。博多口から筑紫口までゴミ袋三袋使用した。博多口の方がきれいに感じた。筑紫口は飲食店が多く、自動販売機が多いのが、原因の一つだろう。ヨドバシカメラ横から高架下のトンネルを通って、住吉神社へと向かった。

高架下のトンネル内に、ゴミが多く捨てられていないか、確認しながら歩いて行った。ここだけでゴミ袋一袋になった。暗いので気づきにくいし、わからないだろうと思って、平気で捨てるのだろう。ＡＮＡクラウンプラザ前を通った時には、私の短大の卒業パーティーのことを少しだけ思い出した。

すぐ近くには、代々木ゼミナール福岡校がある。大学受験浪人をしていた頃、何回か模擬試験を受けに行き、校内にある本屋さんで参考書や問題集やその他の本を立ち読みしていたことがある。一九七四年生まれの私の頃は、受験戦争の激しい時代だった。大学に入学したくても難しかった。しかし、基礎学力さえあれば苦も無く合格できただろう。基礎学力がなかった私には、大学受験は本当に苦しかった。

八百治ホテル近くの信号を横断して、住吉神社へと向かった。神社が近くなってくるにつれてまたゴミが増えてきた。コーヒーやビールの空き缶、露店で販売されている食べ物のゴミ屑が多かった。よく道路脇でみかける葉がトゲトゲした樹の中に、空き缶やペットボトル、空き瓶が投げ込まれていたので、腕をまくりあげて、トゲに刺さりながら拾いまくった。

初詣の参拝者が多かったせいか、ゴミ袋二袋を使用した。幸い腕を怪我せずに済んでよかった。住吉神社の境内に入り参拝をしようと思ったが、長蛇の列で時間がかかそうりで、諦めて本殿から離れたところから参拝した。

中洲屋台街

住吉神社側の歩道から西日本シティ銀行本店までの間は、空き缶やペットボトルは、わずか四本しか捨てられていなかった。四本捨てられていたのは残念だったけど、毎日ゴミ拾いを続けていくと、いつかゴミがない日が訪れるに違いない。

西日本シティ銀行本店から、博多駅前通りを歩いてキャナルシティへと向かった。博多駅前通りには、多くの花壇があり植物や花苗が植えられている。その花壇の中に結構ゴミが投げ捨てられていた。空き缶やペットボトルやお菓子の袋や煙草の空箱と吸殻などさまざまである。

観光都市福岡は、アジアでは美しい景観と町の美化が評価されていると聞いている。これはモラルやマナーを守る人がかなり多いからなのだが、一方ではまだまだマナー違反者がいるということであろう。

ビルの入り口の隅や死角には、ゴミが平気で捨てられているのがポツポツとあった。キャナルシティに到着するまでの間に、ゴミ袋三袋使用した。キャナルシティ内もエスカレーターやベンチ下、テーブルにゴミが置き捨てられていて、手すりもベタベタと汚されていた。

少し空腹になったのでキャナルシティ内にある「築地銀だこ」で、たこ焼きを買い、テーブルに座った。たこ焼きの外側はパリッと、中はトロッとしていてすごく美味しい。たこ焼きを食べた後、グランドハイアット福岡前の橋を渡り、中洲一丁目を歩く。テレビでもよく放送される屋台街の区域である。中洲一丁目に入った途端、驚くほどゴミが多くなった。

公衆トイレに入ったら、屋台やスナックやクラブで飲んだお客が吐き出した異物でトイレが汚されていた。私は見て見ぬふりができなくなって、トイレをピカピカに磨き上げた。

中洲一丁目の歩道には、ラーメンの汁や残飯がこぼされ、缶コーヒーやビールや酒もこぼれていたのだろうか、異様な臭さだった。一瞬鼻をつまんだ。しかし臭いからといって、ゴミを拾わないわけにはいかないので、臭さと闘いながら拾い続けた。コイン駐車場内や自動販売機前には、多くのゴミが捨てられていた。また人が大勢いるにも関わらず、平気でゴミを捨てる人も目撃した。中洲一丁目ではゴミ袋十袋を使用した。

警固公園

中洲屋台街から春吉橋を渡らず、那珂川沿いの歩道を歩いた。公衆トイレがあったので入ったら、中洲一丁目の公衆トイレと同様、トイレが汚されていたのでピカピカに磨いた。那珂川沿いの歩道を歩いていくと、福博であい橋がある。福博であい橋を渡るまでの間には、ゴミが所々散乱していて、駐輪の自転車も倒されていた。見て見ぬふりをするのが嫌なので、ゴミ拾いはもちろん、倒された自転車もスタンドを立たせた状態に戻した。そんなことをしても何の見返りもなく何になるのか、まったく無駄なことだと思われても仕方がないが、そういう小さな善行を一つ一つコツコツと積み重ねることが、今度の徳を積む旅の目的なのだ。

福博であい橋を渡るまでの間に、ゴミ袋四袋を使用した。旧福岡公会堂貴賓館前を通り、天神中央公園へと向った。この公園はイベントが開催された際はすごく人が多くなり、たぶん多くのゴミが捨てられると予想されているのか、ゴミ箱も多く用意されていた。しかし、今回は何も開催されて

おらず、所々にゴミが散乱していた。売店が閉まっているせいか、売店前は特にゴミが多かった。それでもゴミ袋四袋を使用した。私がゴミ拾いをしているところを見ていたのだろう、公園の清掃員の方が拾ったゴミを回収して下さった。私は心から「ありがとう」を言った。いつも一生懸命に清掃されご苦労様である。

福岡市役所前からイムズ前を歩き、信号を渡って天神バスセンターを横切り、警固公園へと向かった。警固公園は、デートスポットでカップルが多かった。警固公園は、リニューアルされて美しくなっていたが、ベンチ下にはゴミが多く捨てられて、喫煙場には、缶コーヒーが多く捨てられていた。煙草の吸殻や煙草の灰が結構捨てられていた。警固公園までゴミ袋二袋を使用した。

ゴミ拾いを終えて缶コーヒーを買い、ベンチに座りしばらく休憩した。働いたり動いたりした後に飲むコーヒーは、とても美味しく感じる。缶コーヒーを飲み終えて、次の目的地、福岡市民会館へと向った。

福岡市民会館

警固公園から天神バスセンター前に出た。歩行者も多く、数多くの自転車が駐輪されている。中洲では何台か倒されていたが、天神では一台も自転車は倒されていなかった。しかし、天神地下街に入ると、ゴミがポイ捨てされているではないか。天神地下街に入る階段に、空き缶が置き捨てられていて、地下鉄天神駅の切符販売機横にも、空き缶が置き捨てされていたのである。

天神地下街は、ガムや飴の屑が所々に捨てられていた。地下街でこれだけゴミがあるということは、地上では何倍のゴミが捨てられているのだろうかと思ってしまう。

地下街から階段を上り、福岡中央郵便局前に出て、福岡市民会館前まで歩いた。福岡市民会館前まで、ゴミ袋二袋を使用した。福岡市民会館では、過去に生涯忘れることのできない思い出がある。

二〇〇九年五月五日、ＭＡＸのコンサートが行われた。座席番号は二列目の二十六番なのに、何と左寄りの最前列である。間近で見られるので超ドキドキした。夢のような感じだ。

コンサートは大盛り上がりで、私も音楽に合わせて踊り、かなり汗をかき喉もかれてしまうくらい熱くなった。コンサートの終盤で、思いもかけないことが起こった。ステージ上のナナちゃんから、両手でタッチを受けたのである。前からファンだったので嬉しくて興奮した。そのあとすぐにミーナちゃんからも両手でタッチを受けた。周りはミーナちゃんファンばかりで「いいなあ、羨ましいなあ」と言われた。福岡市民会館の前でその当時のことを思い出した。

今思うとそのような甘い思い出をプレゼントして下さったのは、天の神様からだと信じている。

二〇〇七年春からゴミ拾いを始め、ゴミ一つだけでも拾い続ければ、思いがけないことが起こることを、神様から教えていただいた出来事である。毎日続けていれば天の神様は、次にどのようなプレゼントを贈ってくださるのか楽しみである。

長浜ラーメン街

福岡市民会館前からＫＢＣ九州朝日放送前を通り、今は名称が変わったが、昔は水城学園と呼ばれた建物の前で少し立ち止まった。水城学園は、当時は大学受験予備校で大学受験会場としても使用されていた。大学受験で三回行ったが、三回とも不合格で、それだけ自分には実力がなかった結果である。建物を眺めながら青春時代の苦い思い出がよみがえった。

信号を渡り、天神や英数学館寄りの歩道を歩き出すと、缶コーヒーや缶チューハイやペットボトルが、所々に捨てられていた。ＫＢＣ放送局寄りの歩道は、ゴミが非常に少なかったが、天神や英数学館寄りの歩道は、近くに親富孝通りがあり、飲食店も多く、天神にも近いせいだろう、舞鶴小学校までの間に、ゴミ袋二袋を使用した。

交通量が多いこの通りの名称は、那の津通りである。福岡市立少年科学文化会館（現在は移転のため閉館）を左に曲がり、大正通りに入り、福岡法務局前から浜の町病院（現在は移転）へと歩いた。福岡法務局のそばには、大きな駐車場がある。タイヤ止めの裏に空き缶やペットボトルが、隠すように置き捨てられている。

行政関係が正月休みのためだろうが、マナーの悪い者が捨て放題にしているように感じた。電柱の下や自動販売機の下に、ゴミが捨てられていた。そばに浜の町公園がある。ギターを弾いて歌っている人や子供たちが遊び、友達とベンチに座って話している人がいた。浜の町公園は、缶コーヒーが多く捨てられていた。公衆トイレも汚されていたのでピカピカに磨いた。浜の町公園まで、ゴミ袋四袋を使用した。

時刻が午後二時近くになり、空腹になった。浜の町公園から信号を渡ると、長浜ラーメンの店が何店もある。先に長浜ラーメン街のゴミ拾いをしてから、ラーメンを食べることにした。通行人やお客が捨てたのだろう、缶コーヒーや缶ビールや缶のハイボールやペットボトルが多く捨てられていた。ラーメンを食べた後に、喉が渇いて自動販売機でコーヒーを買って飲んだり、店の前で待っている間、寒いので缶コーヒーを飲んだりするのだろう。長浜ラーメン街だけで、ゴミ袋七袋を使用した。

もうおなかがペコペコになり、ラーメンを食べることにした。選んだ店はもちろん元祖長浜屋である。穂波町に住んでいた頃、家族で食べに来たこともある。日本中でどこのラーメンが一番好きかと質問されたら、元祖長浜屋と答えるくらい好きである。店の前には行列ができていた。諦めようかと思ったが、食べなかったら悔いが残る。元祖長浜屋のラーメンを食べて元気をつけたいので、並ぶことにした。十五分程すると、店内に入ることができて、即カタ麺を注文した。すぐにカタ麺が運ばれてきた。紅ショウガとラーメンだれを入れて食べるととても美味しく、何といっても幼い頃と同じ味なのがいい。

替え玉と替え肉も注文した。スープも全部飲み終えて完食した。大満足し、何杯か冷水を飲んだ後に店を出て、再び歩き始めた。

ラーメンを食べてパワーが全開になると、何が何でも、福岡に徳を積む旅を達成したい気持ちがますます強くなってきた。福岡城跡へと向かって歩き始めた。

福岡城跡と大濠公園

福岡城跡内にある福岡高等裁判所前までは、ゴミは空き缶三本しか捨てられていなかった。

福岡城の敷地内に入り、平和台球場跡地前を通った。平和台球場は、物心がついた頃、父に連れられ野球観戦に行ったのを覚えている。一九九二年のオープン戦、福岡ダイエーホークス対阪神タイガースの試合である。当時ゴールデンルーキーと注目された福岡ダイエーホークスの若田部健一投手が登板した姿を、眼の前で見ることができた。

当時のことを少し思い出しながら、福岡城本丸跡へと向かう。福岡城の敷地に入るとゴミ一つ捨てられていない。飴やガムの屑一つも捨てられていない。毎日、清掃係の人やボランティアの方が一生懸命に清掃され、環境美化を守り続けている努力の賜物ではないだろうか。ゴミのことを気にしなくてもよかったので、ゆっくりと福岡城跡を見学することができた。

二〇一四年のＮＨＫ大河ドラマ「軍師官兵衛」の影響なのか多くの観光客がいた。福岡城本丸跡に到着し、福岡市内を一望することができた。テレビ中継で見るよりも、実際に見た方が美しく感じる。本丸跡から見る玄界灘がきれいだ。本丸跡を下りて、平和台陸上競技場前に着いた。ここに来ると、やはり何と言っても、福岡国際マラソンのことを思い出すのである。

瀬古利彦さん、宗茂さん猛さん兄弟、中山竹通さん、今井正人さん、川内優輝さんらの名ランナーが輝かしい成績でゴールした競技場である。好タイムを出すため、毎日厳しく自分に打ち勝つ練習をして、大会に挑んだのではないだろうかと思い、陸上競技場を眺めた。ゴミは一つも落ちてなかった。福岡城跡から次の目的地大濠公園へと向かう。大濠公園に到着するまでも、ゴミは一つもなかった。大濠公園に到着して公園内を一周することにした。一周どれくらいの距離があるかはっきり覚えていないが、ジョギングをする人が多く、カップル、親子連れ、高齢者の方がいた。

公園内の花や植物にも、ゴミはなく美しく咲いていた。歩道や休憩所、たくさんあるベンチにもゴミはなかった。福岡城跡同様、大濠公園もゴミ一つ捨てられてなくて、ゴミのことを気にせずに風景を眺めながら歩くことができた。福岡城跡と大濠公園は、私が見て知る限り福岡市内で一番環境美化に力を入れている区域ではないだろうか。そこから福岡市内の環境美化指定区域として発信させ、福岡市内だけでなく、福岡県全体に広がって欲しい。そう思いながら大濠公園を後にし、西新へと向った。

西新

福岡城跡と大濠公園ではゴミのことを気にせず、ゆっくり歩き回ることができた。黒門橋を渡ると、すぐに地下鉄唐人町駅入り口である。

プロ野球シーズン中の地下鉄唐人町駅は大混雑する。ゴミの量は、シーズン中だとかなり多いが、シーズンオフのせいか少なかった。鳥飼八幡宮を通り、今川橋を渡ると西新に入る。西新に入るとゴミが増えてきた。西新パレス前、プラリバ（現在は閉店）前でゴミ袋一袋を使用した。プラリバ前は、自転車が何台か倒されていたので自転車のスタンドを立てた。

地下鉄西新駅入り口は、ゴミが多く、空き缶やペットボトルやコンビニで売られている弁当の屑や焼酎の瓶が捨てられていた。西新商店街には飲食店が多く、地下鉄の乗降者も多いので、ゴミが多くなるのだろう。地下鉄西新駅入り口までで、ゴミ袋二袋を使用した。西新を歩きながら思ったのは、銀行が多いことだ。西新の環境美化運動に力を入れ、きれいな地域にすると、金運に恵まれ、経済効果も大幅にアップできるのではないだろうか。私の勝手な想像である。

西新を後にし、藤崎へと向った。早良郵便局前は、空き缶やペットボトルが捨てられ、郵便ポストの上にも何本か空き缶が置き捨てされていた。近くの駐輪場内も、多くのゴミが捨てられていた。早良郵便局まで、ゴミ袋三袋を使用した。西新の方が人通りが多かったのに、どうして早良郵便局周辺には、多くのゴミが捨てられていたのかなあと不思議に思う。自転車も多く駐輪中に倒れていて、缶コーヒーが結構捨てられていた。

早良郵便局前を過ぎ、藤崎に入りコンビニでシュークリームを買った。西新からゴミが増え始めて少し疲れた。疲れた時は、甘いものが身体を癒してくれる。

藤崎から信号を渡り、百道へと入った。ももちパレスが折り返し点である。事故や怪我がなく無事で折り返しすることができて良かった。福岡に徳を積む旅一日目の後半が始まり、シーサイドももちへと向った。

シーサイドももち

福岡に徳を積む旅一日目後半がスタートした。時刻は午後四時頃だった。

早良市民センター前と、早良区役所前のアカシアの花壇の中にもゴミが投げ捨てられていた。空き缶やペットボトルや他のゴミではなく、不思議にも全てオロナミンCの空き瓶のみである。ゴミ袋一袋を使用した。早良区役所前から防塁前まで、空き缶は二本しか捨てられていなかった。西新側の歩道よりも百道側の歩道の方が、ゴミが少ないし、このまま少なければいいなあと思った。防塁跡に立ち寄りたかったが、時間の都合上寄ることができずシーサイドももちへと向った。県立修猷館高校前も、空き缶が二本しか捨てられていなかった。県立修猷館高校は、福岡県内屈指の進学校で伝統があり、文武両道で、しかも徳育にも力を入れているのではないだろうか。ゴミが少ないのも学校の教育方針が良いからではないだろうかと思ってしまう。

県立修猷館高校の隣は、私立大学の西南学院大学がある。西南学院大学のキャンパスを見ながら、実力があれば受験してみたかったなあと思ってしまう。西南学院大学前もゴミが少なく空き缶とペットボトルが三本しか捨てられていなかった。優秀な学生が集るところは、やはりマナーを守れる人が多く集まるのだろうか。西南学院大学前を通り過ぎると、百道浜へ向った。早良消防署前から急患診療センター前、ももち浜福岡山王病院前を通るまでに、空き缶とペットボトルが五本しか捨てられていなかった。しかも他のゴミも非常に少ないのである。シーサイドももち海浜公園に入っても、ゴミが非常に少なかった。百道浜の住民の方々が環境美化のために地域をきれいに清掃している。多くの企業や施設や民放も二局もあって、マンションが多く、百道浜地域全体は、ますます発展していくのではないだろうか。

夏になると各地から大勢の人々が海水浴に訪れるので、ゴミも多く捨てられるのではないだろうかと思うが、地域やボランティアの方が一生懸命に清掃をされて、きれいな海水浴場を維持され続けられているようだ。福岡の臨海都市として、さらに栄えていって欲しい。

一九八九年、現在の百道浜でアジア太平洋博覧会が開催され、当時私は修学旅行で訪れた。一番の目玉は、やはり福岡タワーであった。エレベーターで最上階まで昇ると、福岡市内の景観が一望できる。福岡タワーを眺めながら当時のことを思い出し、ヤフオクドームへと向った。

ヤフオクドーム

百道浜からよかトピア橋を渡ると、ヒルトンホテル福岡シーホーク付近である。ホテル前の植物の中にゴミが投げ込まれていないか見てみたが、投げ込まれていない。すぐ隣は、ヤフオクドームである。よかトピア橋を渡ってヤフオクドームまでの間、空き缶やペットボトルが四本しか捨てられてなく、ゴミ袋を使用せずに済んでよかった。早良区役所前からヤフオクドームまでゴミ袋一枚も使用しないでよいくらいのゴミの少なさである。

ヤフオクドーム前のエスカレーターを昇り、ヤフオクドームを一周することにした。プロ野球シーズン中はゴミが所々に捨てられていて、ヤフオクドームの外周に植えられている植物の中にも、ゴミが投げ込まれているのである。しかし、シーズンオフのため、ゴミが少なくわずか空き缶一本しか捨てられていなかった。王貞治ベースボールミュージアム前に到着した。

時刻は午後四時四十分頃だったが、見物することにした。王貞治ベースボールミュージアムは、昔はザ・ビッグライフというスポーツバーで、そこでアルバイトをしていた経験がある。思い出の場所だが、長いエスカレーターと横長いガラスウインドウ以外はもう面影がなかった。

王貞治さんが使用していたバットやヘルメット、数多くのトロフィーや記念プレートが展示されている。数多くの展示物を見て数多くのタイトルを獲得するために、誰よりも多くの時間を費やし、数多くの血が滲むくらいバットを振り込まれた努力の賜物だろうと思った。

世界で一番バットを振り込んだから、本塁打世界記録を更新することができたのではないだろうか。王さんと同じことはできないが、私は誰よりも多くのゴミを拾い、トイレをピカピカに磨き込むことで、よい人生を過ごせるのではないだろうかと思ったりもした。小さな善行を多く積むことで、人に喜ばれる人生を過ごすことができるのではないだろうか。そういうことなら、私にも実践し続けることができる。王さんの数々の展示物を見て、考え方を前向きに変えることができて、ますますやる気が増してきたのであった。

王貞治ベースボールミュージアムを後にして、ヤフオクドーム前のエスカレーターを降り、ホークスタウン前を歩いた。シーズン中は、数多くのゴミが捨てられ、ホークスタウン前にある植物の中にもゴミが数多く投げ込まれて汚いのである。しかし、シーズンオフだったこともあり、ゴミ袋を使用せずに済む量で収まったのである。シーズン中とシーズンオフでは、ゴミの量があまりにも差が激し過ぎるのである。シーズン中もマナーを守るべきではないだろうか。それは何も難しいことではない。人間として誰でもできることである。

ホークスタウン前の歩道橋を渡ると、ホークスタウン内にある買い物カートが三台も放置され、しかも気づきにくい場所に置かれていた。店内へ買い物カートを戻した後、なぜ粗末に扱うのかなあと思ってしまった。そう思いながら、唐人町側の歩道を歩き、長浜ラーメン街へと向かって行った。

大名

こども病院感染症センター（現在は移転）横の歩道や歩道沿いに植えられている植物や植木に、ゴミが投げ込まれていた。ゴミ袋一袋を使用した。信号を渡り、再び那の津通りに入り、福岡大学若葉高校前を通り過ぎた辺りからゴミが増えてきた。歩道沿いに植えられている植物の中にも、ゴミが投げ込まれ、長浜ボール前やコイン駐車場にもゴミが多く捨てられていた。長浜ボール前までゴミ袋四袋を使用した。長浜ボールやパチンコプラザに来店する客が多いせいか、特に缶コーヒーが多く捨てられていた。

パチンコプラザ前を通り過ぎると、長浜ラーメン街へと入っていく。数時間前にゴミ拾いをしたのに、もうゴミが捨てられているのではないか。内心怒りを感じながらゴミ拾いをした。ゴミ袋二袋を使用した。

長浜ラーメンが好きで美味しく食べたいのなら、長浜ラーメン街でゴミを捨てない、マナーを守れる人だけが、ラーメンを食べる資格があるのではないだろうかと言いたくなる。私は、長浜ラーメンが大好きだし、ゴミも捨てない。長浜ラーメン街を汚したくないという思いでいっぱいだ。

日が沈み真っ暗になり時計を見ると、午後六時を過ぎていた。大名に向かう。赤坂に入るとゴミが増えてきた。六本松・西新・天神・長浜の分岐点だけに人通りや交通量が多いせいか、ゴミが多く捨てられている。ゴミ袋二袋を使用した。赤坂から大名に入り、中央区役所から国体道路までの通りでゴミ拾いを開始する。

福岡に徳を積む旅一日目、最大の山場を迎えたのである。大名は、居酒屋や飲食店の店舗数が中洲と並ぶくらい多い。道路、自動販売機の上下、コイン駐車場内、壁の上、居酒屋や飲食店前、電柱の下、ビルの前、車の下などに空き缶やペットボトル、空き瓶や焼酎の瓶やお菓子、弁当やファーストフードのゴミが多く捨てられていた。

福岡に徳を積む旅一日目で、最もゴミの量が多い地域が大名である。ゴミ袋二十袋を使用した。大名でこれだけゴミが多かったので、中洲はもっとゴミが多いだろうと予測した。大名で一時間以上ゴミ拾いをしたので、時刻は午後七時三十分になった。警固神社近くのドラッグストアでゴミ袋を多めに買った。用意してきたゴミ袋が、このままでは足りなくなるので補充したのである。

ドラッグストアは、女性客が多く、化粧品コーナーに多くの人がいた。その後、途中で弁当を買って西鉄薬院駅近くのホテルにチェックインした。大名から天神に入り、ホテルにチェックインするまで、ゴミ袋八袋を使用した。

ホテルにチェックインした時は、時刻は午後八時前だった。シャワーを浴び、弁当を食べ、テレビを見て、日記を書き、就寝した。かなり疲れたが一日目を無事に終えることができた。しかし、明日も徳を積むゴミ拾いができないと今日の努力は水の泡になる。油断大敵。天の神様、明日もよろしくお願いします。

第7章　福岡に徳を積む旅　二日目

再度大名

一月五日、午前六時三十分に起床した。ホテルで朝食を摂り、七時三十分にチェックアウトした。福岡に徳を積む旅、二日目が始まった。

昨日も行ったが、もう一度、大名のゴミ拾いをすることにした。ホテルを出た瞬間に、もうゴミがポツンポツンと捨てられているではないか。正月三が日が過ぎたばかりで、天神はすごく人通りが多いせいもあるのだろう。大名に入るまでに、ゴミ袋十袋を使用した。大名ではゴミが少なければいいのになあと願っていたが、昨日ゴミ拾いをする前と変わらない状況になっている。新年会、友人や知人との飲み会、デートなどで人が多かったこともあるのだろう。缶ビール、缶チューハイ、缶コーヒーが多く捨てられていた。

昨日と同様に、中央区役所から国体道路までを通りごとにゴミ拾いした。道路、自動販売機の上下、コイン駐車場内、壁の上、居酒屋や飲食店の前、電柱の下、ビルの前、車の下を探した。昨日よりは少なかったが、それでも、ゴミ袋十六袋を使用した。大名でこれだけ多かったのだから中洲ではかなりのゴミの量になるだろうと覚悟した。

毎日これだけ多くのゴミが捨てられているので、マナーアップ指定強化都市として、福岡市は対策を立てて、ゴミのない都市を目指すべきではないだろうか。住んでいる街に感謝の気持ちを持って、定期的に掃除することを考えてはどうだろうか。

時刻は午前八時三十分前になった。ＪＲ九産大前駅で折り返しするので、そのことも頭に入れて行動した。大名を後にし、中洲へと向った。

中洲

国体道路側を通り警固神社前、エルガーラ前を通った。大名を後にし、エルガーラ前まで、ゴミ袋二袋を使用した。思ったよりも少なかった。エルガーラ前を過ぎた辺りから、少しずつゴミが増え始めてきた。歩道、自動販売機の下、路肩、店の前等に捨てられている。春吉橋手前までで、ゴミ袋八袋を使用した。中洲では相当枚数のゴミ袋を使用するのではないだろうかと思って、昨日ドラッグストアでゴミ袋を買った。だがそれでも足りなくなる恐れが出てきたので、コンビニに立ち寄りさらにゴミ袋を買うことにした。

春吉橋を渡る際もゴミが捨てられ、橋の上に缶コーヒーや缶チューハイが置き捨てされていた。春吉橋を通過するまで、ゴミ袋一袋を使用した。中洲に入り中洲会館前を通り、中洲大通りに入るまで、ゴミ袋五袋を使用した。中洲会館横に駐車場があるが、空き缶やペットボトルが捨てられ、ビルの前にはゴミが捨てられることが当たり前の状況になっている。

中洲大通りに入ったらゴミとの格闘が始まった。店の前、自動販売機の上下、電柱の下、中洲大通りのど真ん中、ビルの前に大名以上のゴミが捨てられている。ゴミの帯ができているような感じで区切りなく捨てられている。缶コーヒー、缶ビール、缶チューハイ、ペットボトル、コンビニのゴミ、風俗雑誌等々。中洲大通りだけで、ゴミ袋三十袋を使用した。

それでも、中洲全部は終わっていないのである。飲食店が立ち並んでいる博多大橋手前までの範囲が残っている。中洲大通りより少なかったが、それでもゴミ袋十袋を使用した。大名の二倍のゴミの量であった。

中洲は全国からだけではなく、海外からも観光に訪れる街である。街を汚さずに守ることが前提で、環境美化はもちろん、日本で最も気持ちよく飲食ができ、楽しく遊べる歓楽街を目指して欲しい。

ゆめタウン博多店

中洲から博多大橋を渡ると、博多リバレイン前である。その隣が博多座である。

中洲から大博通りまで、空き缶やペットボトルは五本しか捨てられていなかった。中洲であれだけ多くのゴミを拾ったのだから、「いくらでも拾ってみせる、かかってこい」と迎え撃つような気持になって、ゆめタウン博多店に向った。

呉服町に入ると、また少しずつゴミが増え始めてきた。地下鉄で乗降する人もいて、ＪＲ博多駅まで歩いていける距離なので通行者が多い。御笠川が流れる東大橋を渡るまでの間に、ゴミ袋三袋を使用した。東大橋を渡ると千代に入るのである。地下鉄千代県庁口駅のある区域である。千代二丁目・三丁目を通り、千鳥橋手前までの間に、ゴミ袋四袋を使用した。ベスト電器本社前からゴミが増えてきた。特に缶コーヒーが多く捨てられ、ゴミ袋三袋を使用した。博多区から東区に入ると、目の前にはゆめタウン博多店がある。

私は、一週間に一回はゆめタウン中津店に行くが、中津店の何倍の大きさだろうか。ゆめタウンの全店の中で最も大きいショッピングモールではないだろうか。ゆめタウン博多店前の歩道や駐車場や花壇、トゲトゲした植樹の中にゴミが多く投げ捨てられ、駐車場には、買い物カートが放置され、店内のトイレも汚されていた。ゴミ袋十袋を使用した。

今朝スタートしてかなり多くのゴミを拾い、汗をかいたので防寒着を脱ぐことにした。買い物カートが駐車場や店内に散乱して、買い物客のマナーやモラルが悪すぎる。カートを片づけているパートさんは、大変である。どうしてあちこちと放置するようになったのだろう。買い物カートを片づけ、店内の汚されていたトイレをピカピカに磨き、きれいな状態にした。

お陰ですごく気持ちが良く、心もすごく磨くことができた。お年寄りの方が、荷物が重たそうに見えたので、店を出るまで手伝った。「ありがとう」と、笑顔で言っていただき嬉しかった。ゆめタウン博多店内のベンチに座り、お茶を買って喉の渇きを潤おした。

ＪＲ九産大前駅

時刻は、午前十一時前になっていた。ゆめタウン博多店を後にし、箱崎へと入った。名島橋を渡る前まで、ゴミ袋二袋を使用した。ゆめタウン博多店と違って、ゴミの量が少なかったが、歩道の真ん中に、空き缶やペットボトルやお菓子袋が捨てられていた。

ＪＲ九産大前駅のある唐原まで、まだだいぶ距離がある。途中折り返して、もうＪＲ博多駅から吉富町に帰ろうかと一瞬思ったが、ここまで歩いて徳を積む旅をした以上、何が何でも歩いてゴールしたいという気持ちが強くなり、歩き続けた。

毎日ゴミ拾いを続けていなければ、こんなことしても何の意味もないし、バカらしいと思ってしまうだろう。山登りやマラソンをする人だったら、もしかしたら感じていることかもしれないが、毎日続けなければ落ち着かない。サボったり休んだりすると、心がソワソワして、モチベーションも低下するのである。無駄に見え、何の役に立つのか、意味があるのかと思うかもしれないが、毎日続けている人にしか、そのすごさや素晴らしさはわからないのである。

名島を過ぎ、千早に入った。千早は再開発によって高層の建物が多い。千早の隣は香椎浜があり、多くの店が出店し、国道三号線は交通量も多い。名島に入ってから香椎宮の参道口まで、ゴミ袋二袋を使用した。建物が多く交通量が多かった割には、思ったよりもゴミが少なかった。

千早から香椎駅前に入る前、お腹がすごく痛くなったので、店に入ってトイレを使用させていただくことにした。しかし、トイレがすごく汚されていた。便器が糞や尿で汚され、便器の裏も掃除されておらず、トイレットペーパーも、次の人が使用することも考えず、長く垂らしたままの状態であった。早速店内のトイレをピカピカに便器を磨き上げた。ただトイレを使用するのではなく、次に使用する人のことを考えて、トイレ掃除をすることである。

国道三号線沿いの歩道を歩き続けて香椎駅前に入り、ＪＲ九産大前駅までだいぶ近づいてきた。箱崎から香椎までは近いというイメージがあったが、実際に歩いてみると、結構な距離があった。香椎駅前まで、ゴミ袋一袋を使用した。

福岡女子大学前を通り過ぎると、しばらくは静かで建物が少ない。そういうところに、よくゴミが多く捨てられているのである。空き缶やペットボトルや家庭用のゴミが多く捨てられていた。人が見ていないところや人が気づきにくいところ、捨ててもばれることがないところにゴミが多く捨てられているのである。ゴミ袋七袋を使用した。

誰も見ていなくても、天上から神様が見ているのである、そう思いながらゴミ拾いをしていると、九州産業大学のキャンパスが見えてきた。JR九産大前駅まであと少しだ。駅に到着するまでの間、ペットボトルが三本しか捨てられていなかったのは意外だった。人知れず誰か環境美化をしている人がいるのだろう。

折り返しのJR九産大前駅に到着し、足の痛みもなく、あとはJR博多駅に向えばいいと思うと逆に元気が出てきた。目的地に到着すると、一気に疲れは吹っ飛び、達成感で心は満たされる。まるで登山家やマラソンランナーの気分である。それからすぐに折り返し、JR香椎駅へと向った。

JR香椎駅

JR九産大前駅までは、国道三号線の海側の歩道を歩いていたが、折り返してからは国道三号線の内陸側の歩道を歩いた。

九州産業大学のキャンパスを見ながら、大学受験のことを思い出した。私の年代は、九州産業大学の受験者が多かった。誰もが進学したかったのだろう。私も、実力があれば九州産業大学を受験したかった。そう思いながら、九州産業大学前を通り過ぎた。

九州産業大学前の国道三号線の海側の歩道を歩いた時は、ゴミが非常に少なかったが、国道三号線の内陸側の歩道も同様だった。ＪＲ九産大前駅から九州産業大学前を通り過ぎるまで、缶コーヒー五本しか捨てられていなかった。九州産業大学前を過ぎると、ＪＲ香椎駅口までの間は、下り坂で静かである。国道三号線の海側の歩道の時と同様に、そういう場所にはゴミが多く捨てられているのである。

歩道には、空き缶やペットボトルやコンビニで買われたものが結構捨てられていた。ＪＲ香椎駅口まで、ゴミ袋六袋を使用した。どうして人間は、人前ではキッチリし、誰一人いないところでは、デタラメをするのだろう。人前だけではなく、誰一人いない所でも善行を積むことができる人こそ、心が磨かれているのではないだろうか。そう思いながらＪＲ香椎駅口まで、ゴミを拾って歩いた。

国道三号線の内陸側の歩道からＪＲ香椎駅に向った。ＪＲ香椎駅前には、西鉄も併行して運行されている。西鉄香椎駅前で、お年寄りが腰を曲げて荷台を押していた。それを見て荷台を押すのを手伝い、ＪＲ香椎駅まで一緒に押していった。お年寄りの方から「ありがとうございました」と言われ、気持ちが良かった。その一言が気持ちよく、喜んでいただけてよかった。

ＪＲ香椎駅までは、空き缶やペットボトルが、四本しか捨てられていなかった。

ＪＲ香椎駅構内にある書店で少し立ち読みしたが、本が定位置に戻されてないままバラバラに置かれていた。以前は立ち読みしても、本を定位置に戻すことは当たり前の礼儀であったのに、今の時代は定位置に本が戻されないため、店員さんがしなければならないのである。定位置に戻されていない本に気づいたら、定位置に戻すようにしている。

筥崎宮に向けて出発する。疲れたのでコンビニでケーキを買って食べた。疲れた時は甘いものが一番である。筥崎宮まで結構距離があるが、ゴミをいっぱい拾おうと意気込んで歩いた。

筥崎宮

ＪＲ香椎駅を出発し、再び国道三号線の内陸側の歩道に合流した。千早を通り、名島橋を渡るまでの間に、ゴミ袋二袋を使用した。名島橋を渡ると箱崎に向かう。貝塚公園前を通ると、ゴミが多く捨てられていた。地下鉄貝塚駅とその隣に西鉄貝塚駅があり、乗降者が多く、貝塚公園に遊びに行ったりする人も多いこともあって、ゴミ袋四袋を使用した。

貝塚公園前を過ぎると、九州大学箱崎キャンパス前である。九州ナンバーワンの国立総合大学で、成績優秀者が多く入学しているのである。学部も多く敷地が広いなあと思いながら、九州大学前を歩いて行く。九州大学の方は頭脳面で優秀だけでなく、マナーもすごく優秀ではないだろうか。九州大学前には、空き缶やペットボトルが三本しか捨てられていなかったのである。良く勉強する人は、マナーもしっかり守られていると感じた。

九州大学前を通るあたりで空腹になったので、牛丼の吉野家に立ち寄ることにした。牛丼の特盛とみそ汁を注文した。牛丼に紅ショウガを入れて食べ、精一杯体を動かし、福岡に徳を積む旅が、ここまでうまくいっているので、牛丼を美味しく味わうことができた。

食べ終えて吉野家を後にし、歩いて行くとすぐ筥崎宮の参道口である。筥崎宮の参道は長い。毎年春季キャンプ前、福岡ソフトバンクホークスとアビスパ福岡が参拝する、勝運の神様である。監督や選手やスタッフが歩いて本殿に向かう映像が毎年放送される参道である。参道を歩いて行くと、あちこちにゴミが捨てられている。缶コーヒーやペットボトルや露店で販売される綿菓子やリンゴ飴やイカ焼きの串、クレープで使用される包み紙や露店で買った品物の包装紙などのゴミが多く捨てられている。正月三が日で大勢の参拝者がいるのである。筥崎宮の駐車場内は、多くの車が停車していて、缶コーヒーが多く捨てられていた。昼食を食べ終えた後、筥崎宮の駐車場までの間でゴミ袋三袋を使用した。本殿に入って参拝したかったが、参拝者の数がとても多く、住吉神社以上の長蛇の列だったのでやむなく断念した。私は、時々大分県の宇佐神宮や薦神社に参拝に行くが、今回の筥崎宮のゴミの多さを見て、日本の神社の神苑内でも、平気でゴミが捨てられて当たり前になったのかなあと思い非常に残念である。

日本人の自然を愛する美しい心は崩壊し、倫理観や道徳観もなく、神様を信じない世の中になっていると思う。経済至上主義や利益追求や能力重視の傾向が非常に強くなり、神聖な場所が蔑ろにされているのではないだろうか。筥崎宮の公衆トイレの便器からは大便や尿がはみ出て、ゴミが散らかされ放題である。扉を閉め、静かに便器を磨き、ゴミも拾い掃除をし、気持ちはよかったが、満足感はなかった。参道の花壇にもゴミが投げ込まれていた。

神様がいないのは、人間の行いが悪いのが原因ではないだろうか。行いが良ければ、神様は、私たちのそばで見守ってくれるのではないだろうか。神様がいなくなったというより、周りを汚して追い出したといってもいいのではないだろうか。そう思いながら筥崎宮を後にした。

千代

筥崎宮の参道口から国道三号線の内陸側の歩道に合流し、千代へ向けて歩き始めた。コンビニに立ち寄り、ソフトクリームを買って食べた。私は、ジュース類は自分から買って飲むことはあまりしないが、甘いものは好物である。ソフトクリームは、牛乳の入ったまるで牧場で販売されているような味だった。

歩道や路肩、電柱の下、駐車場、壁の上にゴミが捨てられている。ゴミ袋三袋を使用した。

国道三号線を挟んで向かい側は、ゆめタウン博多店があるせいか、人通りが多いこともあるだろう。九州大学医学部、九州大学病院前を過ぎると、東区から博多区千代に入るのである。千代に入ると、ゴミ袋を使用しなくてもいいくらいゴミが少なくなったのである。崇福寺に到着するまで、空き缶やペットボトル六本だけだった。崇福寺に行く目的は、NHK大河ドラマ「軍師官兵衛」の主人公である、黒田官兵衛孝高のお墓に参るためである。

NHK大河ドラマの影響のせいか、のぼり旗が多く立てられていた。崇福寺の門をくぐり境内に入ると檀家の立派なお墓が並んでいる。その中で、ひときわ大きく目立っていたお墓がある。政治結社「玄洋社」の創設者である頭山満先生のお墓である。

頭山満先生の弟子であった中村天風氏の本を読んで頭山満先生を知ったが、頭山先生は、すごく胆力のある人物だったという。この胆力は、誰もまねすることのできない天性のものだったのだろう。頭山満先生のお墓参りを済ませた後、黒田官兵衛と長政父子のお墓参りをした。

福岡県の礎を築かれ、崇福寺の近くに福岡県庁がたてられているのも、官兵衛・長政父子が引き寄せたものではないだろうかと、私なりに解釈している。お墓参りをした後、崇福寺を後にした。

崇福寺近くに、千代東公園がある。千代東公園ではベンチ周り、砂場、ブランコの下、トイレ前など、全体的にゴミが捨てられていた。なかでも缶コーヒーやワンカップが多く捨てられていた。ゴミ袋三袋を使用した。歩き疲れたので、少しの時間だけ休憩することにした。近くに自動販売機があったので、アクエリアスを買って飲んだ。次はＪＲ博多駅に向けて歩き出す。

ＪＲ博多駅

東公園内に入り、亀山上皇銅像を眺めた。亀山上皇銅像の建立には、湯地丈雄さんという警察官出身の方の、十七年にも及ぶ歳月をかけたドラマがある。銅像を見たら、大きな銅像だなあとただ眺めてしまうが、どんな銅像建立にも、裏にドラマが隠されているのである。

東公園内は、大濠公園と同様にきれいに清掃されていて、ゴミが捨てられていなかった。東公園から妙見通りに入り、パピヨンプラザ前を歩いた。店が多くあるせいだろうか、結構ゴミが捨てられていた。ファーストフード店が立ち並んでいるせいか、空き缶、ペットボトル、空き瓶が多く捨てられていた。パピヨンプラザ前で、ゴミ袋三袋を使用した。

堅粕の都市高速道路の高架橋下にも、ゴミが多く捨てられていた。缶コーヒーが多く捨てられていた。団地が多いためか、歩道には所々ゴミが捨てられ荒れていた。御笠川が流れる緑橋を渡るまでの間に、ゴミ袋四袋を使用した。緑橋を渡ると、承天寺に至り、さらに大博通りに合流するのである。ＪＲ博多駅が目の前である。地下鉄祇園駅入り口を通ると歩道には所々にゴミが捨てられていた。なかでも、缶コーヒーが多く捨てられていた。ゴミ袋二袋を使用した。

ＪＲ博多駅を見ながら、昨日から多くのゴミを拾い、私が使用したトイレで汚れているトイレはピカピカに磨き、中洲屋台街での臭いがひどい中をゴミ拾い、福岡城跡と大濠公園と東公園はゴミ一つ捨てられていなかったことが嬉しく、大名でのゴミ拾いは、昨日拾ったのに今朝になって昨日のゴミ拾いをする前の状況に戻っていて呆れ果て、中洲大通りがゴミ通りになっていた。ここが九州一の歓楽街と呼ばれるところかと疑問に感じ、筥崎宮の参道にもゴミがいっぱい捨てられ、日本人の公徳心や礼節や誇りはどこへ消えてしまったのかなあと思う。

地下鉄、バス、タクシーを使用せず、全行程全て徒歩で周ることができた。よく頑張ったと自分を褒めた。ＪＲ博多駅まで残りわずかだが、歩道やビルの前にゴミが捨てられている。缶コーヒーとペットボトルを、一つ一つ拾って容器箱に入れた。博多バスターミナル前を通り、午後四時三十分頃にＪＲ博多駅前に無事にゴールすることができた。

今回の福岡に徳を積む旅のことは、誰も知らないし誰も見ていない。自分で決め、実行し、ゴールできた。それでいい。人に褒められたい、認められたいためにしたことではない。敬天、つまり天の神様に見ていただければそれだけでいい。心の中は、満足感、達成感、嬉しさでいっぱいだった。人知れず多くの徳を積むことができただけで良かった。

しかし、本当のゴールはＪＲ博多駅ではないのである。帰宅し、仏壇にお参りし、トイレ掃

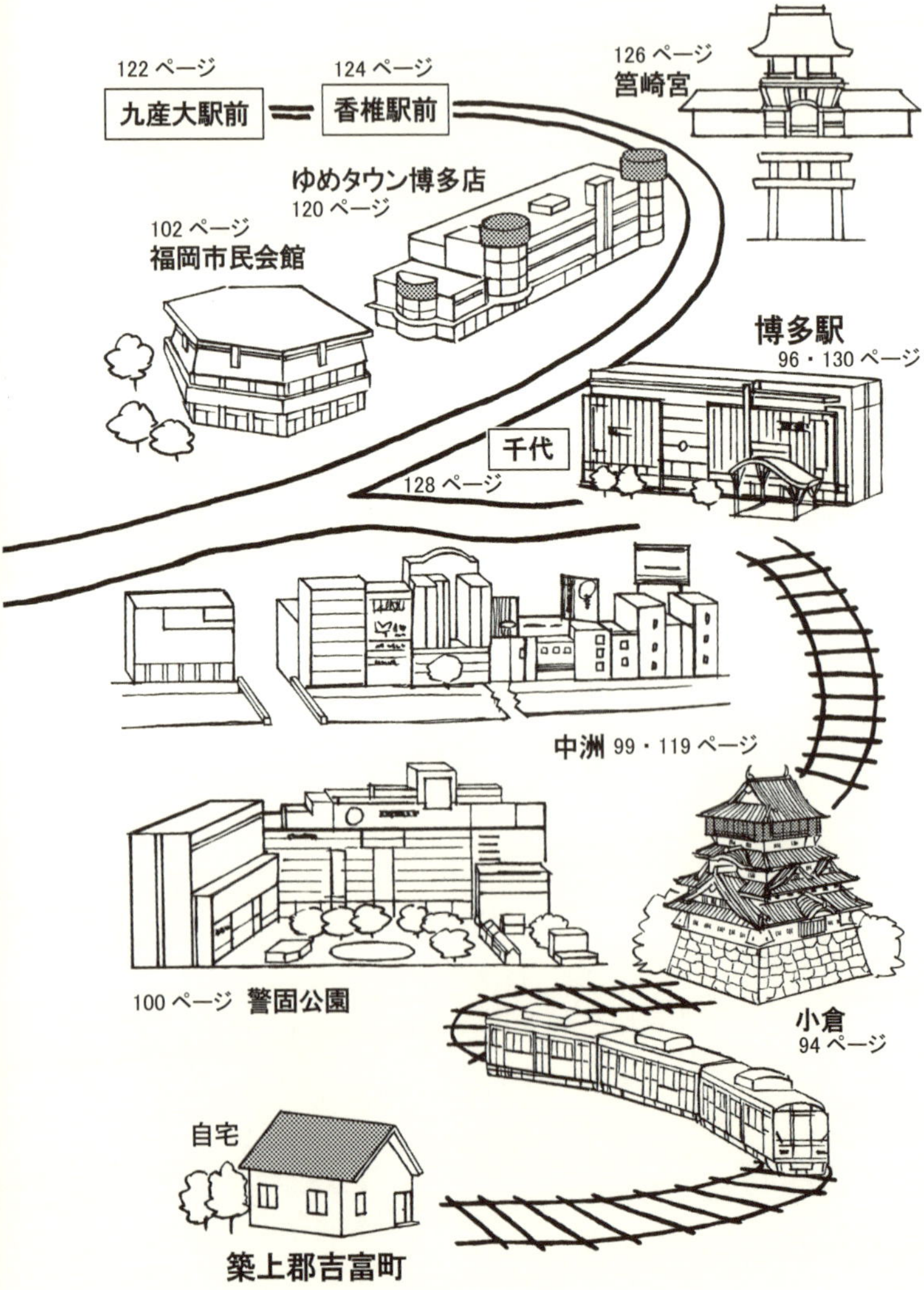

122 ページ
九産大駅前
124 ページ
香椎駅前
126 ページ
筥崎宮
ゆめタウン博多店
120 ページ
102 ページ
福岡市民会館
博多駅
96・130 ページ
千代
128 ページ
中洲 99・119 ページ
100 ページ 警固公園
小倉
94 ページ
自宅
築上郡吉富町

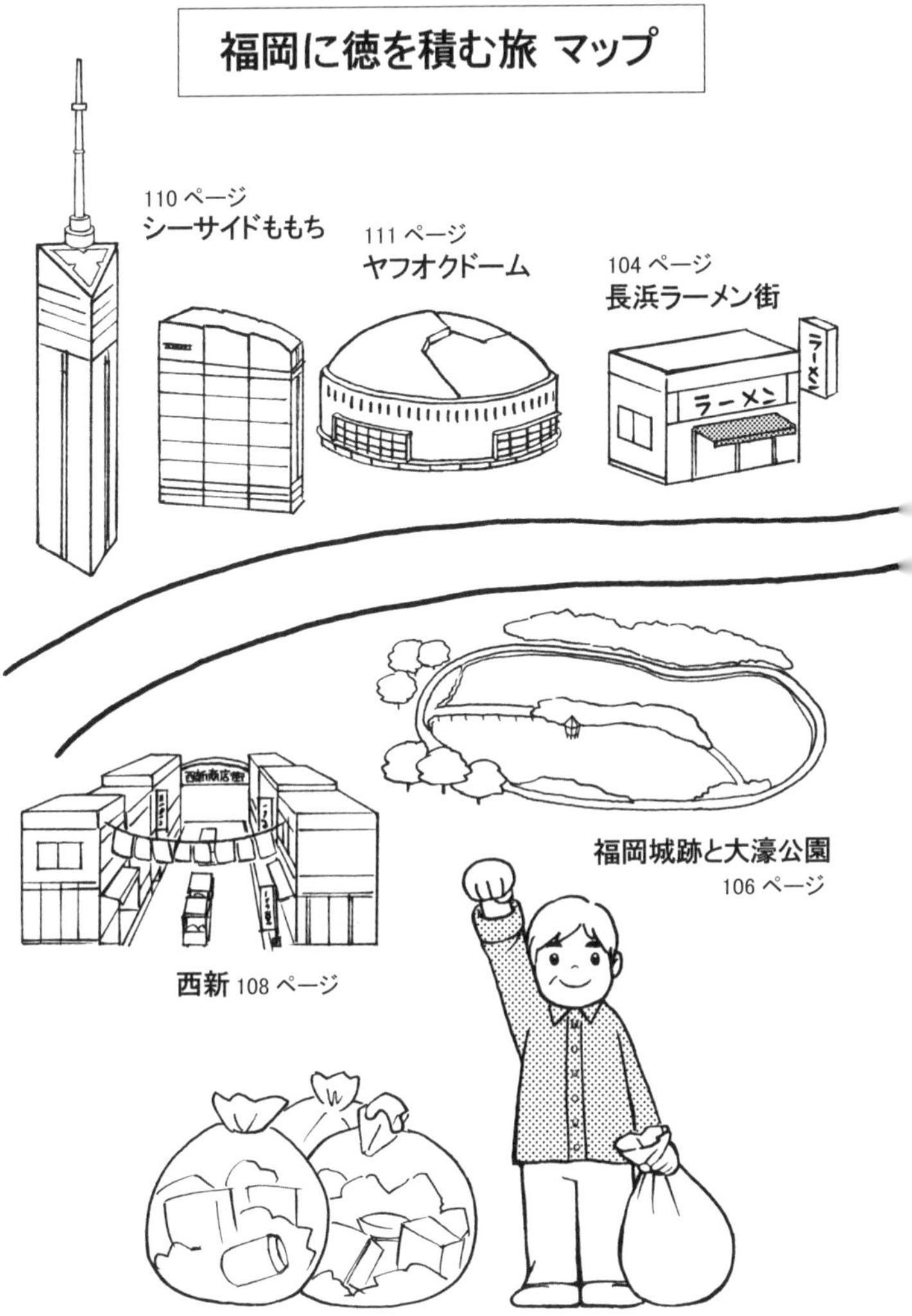
福岡に徳を積む旅 マップ
110 ページ
シーサイドももち
111 ページ
ヤフオクドーム
104 ページ
長浜ラーメン街
ラーメン
福岡城跡と大濠公園
106 ページ
西新 108 ページ

除をし、日記を書き、読書をし、消灯するまでが福岡に徳を積む旅の、本当の意味での最終ゴールである。登山でも、頂上に到着するまでが登山ではなく、頂上から下山するまでが、本当の登山だろう。ただ登った、走った、歩いただけがゴールではない。終わり良ければすべて良し、それこそが本当の意味での終了ではないだろうか。本当の意味でのゴール吉富町の家に向った。

帰宅

ＪＲ博多駅に到着し、駅構内のトイレに入った。便器が汚されていたので、ピカピカに磨き、ゴミ拾いで使用した手袋が汚れたので、洗面所で洗った。トイレの小便器の上に、空き缶やペットボトルが置き捨てされていたので、拾って容器箱に捨てた。

捨てる人が最も悪いのだが、見て見ぬふりをするのもどうかなあと思う。一つだけでもゴミを拾う気持ちがあっていいのではないだろうか。一人が一つだけでもゴミを拾おうとすると、いずれ昔のようにゴミを平気で捨てる人がいなくなる世の中に変わってくると信じている。

特急ソニック号に乗り、ＪＲ小倉駅へ向った。電車の中でふと思った。ゴミ拾いをして何になるのか、何の見返りがあるのかと言われる。私はゴミを拾えば拾うほど、たくさん徳の貯金を積むことができ、よき人生を過ごせるよう神様が導いて下さると信じてゴミ拾いをしている。

よき人生とは、金持ちになって豪遊三昧に過ごすことではなく、波長が合い、よき人との出会いが増えるという意味のことをしているのである。

ＪＲ小倉駅に到着し、日豊線に乗り換えて、ＪＲ吉富駅に向った。途中の宇島駅に到着した後、私はＪＲ吉富駅に到着するまでの間、普通電車の一両目の最前列から最終両目の最後尾までゴミを拾った。車内には缶コーヒーが二本、ガムや飴の屑が捨てられていた。電車内もゴミが捨てられて当たり前になってしまったのかなあと思うとすごく残念である。

ＪＲ吉富駅に到着し、下車する際にある女性から声を掛けられた。

「あなたが、あちこちと動いているので何をするのかなあと観察していたら、ゴミ拾いをされていたので感心しました。時々あなたが、ゴミ拾いしているところを見かけます。珍しい人だと思いました」と言ってくださった。自分が気づかないところで見てくださるのは、すごく嬉しいし励みになる。

人が見ようが見まいが関係なく、これからもゴミ拾いを続けたい。それが本当の意味でのゴミ拾いすることであり、徳を積むことになるのではないだろうか。

ＪＲ吉富駅から徒歩で家に戻った。家までの間、缶コーヒーが二本捨てられていた。家に到着し、仏壇にお参りをし、自宅のトイレ掃除をした後、風呂に入り、その後夕食を食べながら

ＮＨＫ大河ドラマ「軍師官兵衛」の第一回目の放送を見た。日記を書き、読書をした後、就寝に入り、もう一人の自分に「今日も一日お疲れ様でした」と話して、眠りに入った。

これでようやく、福岡に徳を積む旅が終了した。

今回の旅で拾ったゴミは、空き缶とペットボトルと空き瓶だけである。他のゴミを拾っていたら時間が足りないので、ゴミの種類を三種類に絞ったのである。

ゴミ袋は二日間で、二五三袋を使用した。一袋当たり二〇本前後しか入らない。ゴミ袋を使用せず、そのまま手で拾って容器箱に入れた分を合わせると、合計五〇〇〇本以上は拾ったのではないだろうか。二日間でよく頑張ったと自分を褒めたい反面、不安感が湧いた。このままだとゴミが増え続け、清掃されずに放置された状況だと、日常生活に害を及ぼす恐れがあるのではないか。怪我したり、溝にゴミが詰まり大雨が降った際に冠水被害に遭う恐れがあったりするなど将来が不安である。確かに私は二日間で多くのゴミを拾ったことに満足感はあるものの、先々のことを考えるとそのような満足感にいつまでも浸っている余裕はない。

毎日一つだけでも良いのでゴミを拾い、次世代の人にも受け継がれるよう、拾い続けようと人々に呼びかけたい。毎日一〇〇個拾おうと意気込んでいたらとても継続できないので、毎日一個だけでもいい、拾い続けていくことからスタートして欲しい。もちろん私も、生涯が終わるまで拾い続ける。そんな小さな輪が次第に大きな輪に広がって欲しい。

第8章

ゴミが捨てられていない世の中を目指して

シヨウケ越え

私は一年に一回、太宰府天満宮に参拝に行く。太宰府市から吉富町に戻る時は、大野城市、宇美町、須恵町を通りシヨウケ越えをするのである。車を運転中に感じたことだが、道路脇に捨てられているゴミの量が、膨大な量なのである。路肩から車道に、いつはみ出してもおかしくないくらい、多くのゴミが捨て去られているのである。林の中にもゴミが投げ捨てられているのが見える。シヨウケ越えを車で運転中、何年かしたら日本は、車道にゴミが捨てられていても当たり前になるのかなあと危惧している。

運転中にタイヤがパンクして後ろからの車が追突したり、車にゴミが挟まって故障する恐れや、ゴミの臭さで天然記念物の野鳥が逃げてしまい消滅する恐れもある。それからバイクを運転中、タイヤが滑って転倒し、大けがをし、大げさに考えれば事故死する恐れもある。毎年シヨウケ越えを車で運転中、そのようなことを考えてしまうのである。

路肩にゴミが多く捨てられる原因は、教育と便利さが原因ではないだろうか。なぜ教育が原因なのか。現実に夫婦が共働きしないと、豊かに生活することが厳しくなってきている。子供のことに構っていられないくらい忙しい。しっかり躾を指導し、思いやりのある子供に育てようとしないと、自己本位の人間になってしまう恐れがでてくる。道徳の授業を軽視せず、きちんと授業することが大事だ。口で言っただけでは理解できないので、実際に体を動かして実践させることで、子供も見習って成長するのではないだろうか。

もう一つ便利さについては、自動販売機はどこにでも設置され、コンビニエンスストアも数多くの店舗がある。便利が良過ぎることが、当たり前だと認識しているのではないだろうか。どうして数多くの自動販売機や、コンビニエンスストアが多いことが問題なのか。公徳心の教育がなおざりにされたため、自動販売機とコンビニエンスストアが多くなればなるほど、全体的にゴミの捨てられる範囲が広くなり、ゴミの量も必然的に増えるのではないだろうか。

中津祇園

毎年七月下旬になると、大分県中津市では中津祇園が催され、中津市だけでなく豊前地域や遠方からも数多くの見物客が来るのである。

猛暑で祇園車を引っ張るだけで体力が消耗するのもかまわず、中津祇園が好きだからこの日のために一生懸命練習し、中津祇園のためだけに地方から故郷に戻ってきた仲間たちと一緒に祇園車を引っ張り、感動を分かち合うのである。吉富町と中津市は、福岡県と大分県の県境であり、隣同士である。家から中津城公園まで徒歩で三十分程である。中津祇園の時は、歩いて中津城公園までいくのである。中津城公園には、露店が多く出店されていて、たこ焼きやクレープ、リンゴ飴、ラムネ、イカ焼きなどもある。中津祇園で盛り上がることは、すごくいいことだが、非常に残念なことに、中津城公園や二の丸公園や周辺には、多くのゴミが捨てられるのである。

空き缶やペットボトル、串、包み紙、パックが、歩道や道路脇、トイレ前、祇園車を練り回す広場に捨てられている。中津城公園のゴミの量はとくにすごい。中津城公園は、祇園車のスタート地点であり、ゴール地点でもある。

日本の祭りが、こんなにもマナーが悪いのはとても遺憾である。九州だったら博多どんたくや博多祇園山笠、長崎おくんち、大阪だったら岸和田のだんじり祭り、京都だったら祇園祭、東京だったら浅草祭りなど全国に数多くのお祭りがあるが、はたして中津祇園のようにゴミが多く捨てられているのだろうか。

暑い時期に開催されるので、喉が渇きやすくジュースやお茶が欲しくなる。しかし、道路や歩道にゴミをポイ捨てすることはどうかなあと思う。見物に行って楽しむことはとてもいいことだが、最低限のマナーを守らないと困るのである。祭りのスタッフや関係者が、祭りの終了後に大掃除をしなければならなくなる。

日本の祭りを守るためにも、祭りを行う側も伝統を引き受け、次の世代へ引き継いでいただくための使命がある。しかし、見物客のマナーが悪すぎて、祭りを行う側の邪魔になっては、せっかくの素晴らしい祭りも開催できなくなる。私は、中津祇園でゴミがない状態にならない限り、見物よりゴミ拾いを優先している。ゴミがなくなったら、またゆっくり見物することにしている。見物客がマナーを守ることが、その鍵を握っているのである。

徳を積む

私の人生哲学は、「徳を積む」ことである。これまで何回も書いてきたが、ゴミ拾いを実践し続けているうちに、人生哲学が構築されていった。

人生哲学は、始めから決めて確立されるものではない。体を動かして実践し続けているうちに、気づいたらそうなっていたという感じで人生哲学が自然と確立されるのではないだろうか。すぐにできるのではなく、時間をかけて地道にコツコツと実践を数多く積み重ねることで、確固たる人生哲学ができるのである。

初めて徳を積むという言葉を聞いたのが、先の章でも紹介した、私と同じ年の青年実業家からである。最初は徳を積むと言われてもピンとこなかった。徳を積むことは、人が知ろうが知るまいが関係なく、善い行いを日々積み重ねていくことである。

善い行いを日々積み重ね実践する習慣が身につけば、生き方が変わり、運命もよい方向へと変わっていくに違いない。私の場合は、良き人との出会いが増えたことである。十年前のことを思い出すと、信じられないくらい多くの人と出会っているのである。

徳を積むために、具体的にどのような行いをすればよいのかと考えるが、大きく目立つようなことや大金を使う必要のない、誰でも簡単にできるようなことをすればよいのである。

一、落ちているゴミを拾う。
二、飲食店で食事をし、店を出る前に店員さんに「ごちそうさま」と言う。
三、バスや電車に乗車中、お年寄りの方や体の

不自由な方が立っていたなら席を譲る。

四、はきものが乱雑だったら、きちんとそろえる。

五、カウンター席で食事をした後、店員さんが厨房からお皿やコップを取りやすいように置いておく。

六、一円でも構わないので募金する。

七、友人と食事をする際、ドリンクのセルフサービスで友人のドリンクも用意する。

八、あいさつをしっかりし、礼儀を守る。

九、コンビニエンスストアで店を出る際、後方の人も店を出るとわかっていたら扉を開けておく。

十、食後、洗い場にお皿をさげ、母親や奥さんの代わりに皿洗いをする。

十一、お年寄りや体の不自由な方がいて、荷物が重そうだったら一緒に荷物を持ってあげる。

十二、財布などの落し物があったら、速やかに交番に届ける。

十三、友人や知人との待ち合わせ時間に遅れない。

他にもたくさんあるが、大きな目立った行いをする必要は全くないのである。

大きいことや目立ったような行いは、野球で例えればホームラン狙いのような感じだ。ホームラン狙いだと打撃フォームが壊れる恐れがあるように、大きいことや目立つような行いは、身も心も無理をしてしまうので、小さな善行もできなくなってしまう恐れがある。

徳を積むことで最も重要なことがある。例えば「私はお宮の掃除を毎日しています」と人に言いふらさないこと。人が見ていないからサボってもバレないので人前だけですればいい。このように公言したり裏表のある行為では、徳を積むことはできない。

誰一人見ていない所でも善行をし、人に喜ばれることは何よりも嬉しいことだ。天の神様だけしか知らず、人が見ている所で善行をするよりも徳の点数がもらえるので嬉しいことだし、心から満足できる。

徳を積むためには、日々善行を積み重ね、誰一人見ていない所でも善行することである。多くの幸福が早く訪れるための近道でもある。急がば廻れである。この機を境に、日々ほんの小さな善行

でも構わないので、積み重ね実践されてはいかがだろうか。

凡事徹底

ゴミ拾いやトイレ掃除をするようになり、掃除に関する本を読むようになった。先の章でも紹介した小林正観さんと同じくらいはまって読んだ本は、イエローハットの創業者である鍵山秀三郎さんの本である。

鍵山さんの代表的な言葉は「凡事徹底」である。誰にでもできる平凡なことを、誰にも真似することのできないくらい徹底して続けることである。平凡なことを徹底してやると、平凡の中から非凡が生まれてくるのであり、いつか人を感動させるのである。

私は、突出した能力や才能は持っていないので、卑屈になっていた時期があった。突出した能力や技術を持っていないと、社会で役立つことができない

と思い込んでいた。手先が器用でない、頭の回転が速いわけではない、身体能力が高いわけではない、話術があるわけではない。その私に何ができるのであろうか。

二〇〇七年春、歩道に捨てられていた空き缶を拾ってから現在までゴミ拾いを続け、誰にでもできる平凡なことなら続けることができると、今になって胸を張って言えるのである。ゴミ拾いを続けていることで、気づきに対する直観力が研ぎ澄まされ、良い習慣が身につき、人生が変わってきたのである。トイレ掃除を続けていることで、掃除前は小便や大便がはみ出て、生ごみや煙草の吸殻が捨てられ非常に汚い状態を、きれいにピカピカに磨き終えると、達成感を味わうことができるし、頭も心もスッキリする。

大きなことや特別なことばかり求めるよりも、誰にでもできることを続けていくと、小さな感動が生まれてくるのである。掃除・人生哲学・自己啓発の本を多く読むことで自分を変えられるのではなく、自分の手を善いことに使い続けていくことで、自分を変えていくことができるのである。一人になってでもやり抜く覚悟を決めてやり続けることである。何のためにするのか、よく自問自答し、よしと覚悟を決めた以上、徹底して続けることだ。

私にとって徳を積むことは趣味であり、日常生活でなくてはならない行いになったのである。平凡なことを続けていくことで、人生観も無意識のうちに変わってくるのである。ローマは一日にしてならずという諺がある。一日で何もかも物事がうまくいくことは、現実にはあり得ない。微差と絶対差で差が開くのである。例えば友人が毎日素振りを一〇〇〇回振っている。自分は毎日九九九回振っている。一日で見るとたいしたことではない。しかし、一年間だと三六五回も差が開いているのである。一日一回の差であるが、これを長い目で見ると、バカにすることができない差になっていく。

友人が一〇〇〇回素振りをしたら、自分は一〇〇一回素振りをすることである。大きく差をつけようとするのではなく、僅かでいいので差をつけることである。一回だけでも多く、覚悟を持って練習量や仕事量や毎日の実践量を増やしていけば、いずれ「凡事徹底」の言葉の意味が自得できるのではないだろうか。

経済と能力は一流だけど、文化やマナーは三流

アルピニストの野口健さんは、清掃登山と環境問題に一生懸命取り組まれている。野口さんが外国人の登山家と一緒にエベレストでゴミ拾いをしていた時に、日本人の登山家がエベレストで日本語で書かれた多くのゴミを捨てていることがわかると、外国人の登山家から「日本は、経済は一流だが、文化やマナーは三流だな」と言われたそうである。

日本は経済だけでなく、能力も一流であると自負している。ノーベル賞の受賞者も多く輩出

し、二〇二〇年東京五輪を開催させるために周到な準備をして開催を決め、ビジネスでも多くの企業が海外進出に成功している。スポーツの分野でも海外で活躍される選手がいて、日本は能力でも一流だろう。しかし、文化やマナーが三流だと、景気が悪化し失業率が非常に高くなった時、日本人に何が残るのだろうか。高貴な精神性や誇り、道徳心が失われたら、日本人はどうなってしまうだろうか。

野口さんの著書の中でこんなことも書かれている。

「挨拶のあるところはゴミも少なく、挨拶のないところは汚れる」

ゴミの多い少ないは、人や社会の姿を写し出しているのではないだろうか。掃除をきれいにする人としない人では、人間性がはっきりと現れるのではないだろうか。掃除をしない人で人間性のある人はいるだろうか。

二〇〇五年、一人旅で山梨県へ向かっている時、日本の象徴である富士山を電車の中から見て、その美しさに感動したことを今でも忘れることができない。しかし、登山しない者は、富士山を見れば霊峰富士と感動しているが、登山者や近くの住民には、環境問題が大きな課題となっている。

登山者のポイ捨てや不法投棄の問題、排気ガスの問題など、野口さんの著書の中で、富士山麓に捨てられているゴミの不法投棄の写真を見ると、こんなゴミをわざわざ運んできて捨てるなんて、不法投棄した人の人間性は、どうなっているのか疑ってしまう。

冷蔵庫やタイヤ、クーラーの室外機など、どうしてわざわざ富士山麓に捨てに行くのだろうかと思ったそうだ。富士山を基準にゴミ問題を考えれば、日本はゴミが非常に多い国として表れているのではないだろうか。もうゴミを捨てないようにしようとか、看板に不法投棄罰金○○万円などと唱えても問題は片づかない。ゴミを捨てないためには、具体的にどう動くかが重要である。二十四時間の監視体制を敷かない限り、そういう看板を立てただけでは、簡単に解決できない。

私は、子供たちに、早いうちからゴミの問題に取り組ませることをスタートさせてはと考えている。学校の道徳の時間、ただじっと先生の話を聞いて座っているだけではもったいない。先生と生徒が一緒にゴミ拾いをし、ゴミを捨てるとゴミが増えて、いろいろな問題が出てくることを教えるとよい。

道徳の時間でゴミ拾いができないなら、清掃時間を例えば十五分間を二十五分間に伸ばすなどすればいかがであろうか。または、週一回地域全体で、ゴミ拾いを実行することなどが良いのではないか。子供の頃からゴミ拾いを体験させ、環境意識を良い方向へ変えることは、次の世代へ伝えるためにも、最も良い見本となると思うのである。また、その次の世代へと引き継いで、ゴミのない国日本を作ってほしい。

言ったり言われたりするのではなく、実際に体を動かしてゴミを拾うことで、環境意識がガラリと変わってくるのである。野口健さんといつか会えることができるのなら、話をするより一緒にゴミ拾いをし、ゴミを少しでも無くしていきたい。

二〇二〇年に東京五輪が開催されるが、世界中から多くの外国人が来日される。日本はさらにゴミのない環境で外国人をお迎えして、素晴らしい国だと喜んでいただけることを願っている。環境を美化して、おもてなしの心で外国人をお迎えしたい。

そうじ小説

二〇一一年に志賀内泰弘さん著書、日本初のそうじ小説『なぜ「そうじ」をすると人生が変わるのか？』を読んだ。本の内容は、主人公のサラリーマンが、通勤途中に見かけた公園でゴミ拾いをする老人と出会い、ある日道路に捨てられていた一つの空き缶を思わず拾ったことがきっかけで、ゴミ拾いや清掃の意識が変わり、そこから毎日、清掃やゴミ拾いをすることで自分が変わり、人生が変わる実話をベースとした物語である。

この本は、いいことがたくさん書かれていて全てを伝えることは無理なので、私が気に入った言葉と、私が実際に実践して良かったことを紹介する。

一つ目は「仕事とは「気づき」である。そうじは、「気づき」を教えてくれる最も安上がりで最も簡単なトレーニング」である。掃除やゴミ拾いは、ホウキや塵取りやゴミ袋さえあれば、いつでもどこでもできる、お金のかからない「気づき」のトレーニングである。

ゴミ拾いを始めた頃は、目の前に落ちているゴミやホコリしか視界に入らなかったが、毎日続けていると、目の前のゴミやホコリだけでなく、視界が広くなり、あちこちへ自然と体が動くようになり、知らず知らず掃除やゴミ拾いをしているのである。大切な書類や貴重品を見つけ、財布や通帳を見つけ、交番に届けたことも何回かある。それも気づきにくい死角にあったりするのだ。セミナーに通うことや高額な金額を出して能力開発トレーニングをするのもいいが、野球の素振りのように、バット一本さえあればいつでもどこでもできるように、掃除やゴミ拾いをされた方が、お金もかからず気づく力が増してくるのではないだろうか。

二つ目は、「拾った人だけがわかるんじゃよ」である。「ゴミ拾いをして何になるのか、バカじゃないのか」「そんなことしていいことが起こるのか、お金がもらえるわけではないのでバカらしいじゃないか」と言われたことがある。

ゴミを拾い始める前は、そのように思ったりしたこともあるが、拾い始めたらもう一日でも休むとそわそわし、気分がすぐれなくなり、落ち着かなくなってくるのである。毎日サウナに入る人が、一日でもサウナに入らないと落ち着かない状態と心境が似ている。

頭のなかでいろいろとゴミ拾いをしない理由を考えるより、実際に体を動かしてゴミ拾いを続けていくと、「拾った人だけがわかるんじゃよ」の言葉が、人それぞれ意味の受け取り方は違ってくるが、ゴミ拾いをすることに意味があることを感じてくれるのではないだろうか。

三つ目は、「見えないところをそうじすること。何者にも左右されない、裏表のない人間になること」である。「こんなところ別に気にしなくたってバレはしない。バカらしいからやめとけ」と言われたことがある。

つまり、人が見ている時は、一生懸命に掃除やゴミ拾いをやるが、人が見ていない時はやらないのである。私は、人が見ている時よりも人が見ていない時に、たくさんのゴミを拾い掃除することが好きだし、心が磨かれるような感じで気持ちがいい。自分自身に納得ができ、天の神様が見ているので、それだけで充分だと満足できるのである。

見ているからする、見ていないからしないでは、言われないとやらない、言われたことしかしない生き方になるのではないだろうか。それに不正や悪事を起こして、バレなくて良かったと思っても、心の中は罪悪感がいっぱいで、内心落ち着かないのではないだろうか。

以上三つの言葉を代表的にあげたが、そうじ小説のとおりに実践し続ければ、人生観が変わることだけは確かである。

私にとってゴミ拾いや掃除は、ライフワークになったのである。始めからゴミ拾いや掃除をライフワークにしようと思ったのではなく、気づいたらそうなっていたというのが適切である。一つのことを続けることの大切さを学び、バカになって物事に打ち込めるようになれば本物である。天候が悪かろうが、体調が悪かろうが関係なく、徳の貯金を積むことによって神様から徳というご褒美をいただき、良き人と出会うように導いて下さるのである。

実践し続けると感謝の気持ちが生まれてくるのである。

たかが掃除、されど掃除。ゴミ拾いや掃除から学ぶことがあり、誰にもできて簡単そうだけど、実は奥が深いのである。この際実践し続けてみてはいかがだろうか。

地球は生活をさせていただいている処

ゴミ拾いを続けて人から「偉いわねえ」「すごいわねえ」「私にはできない」と言われることが度々ある。

私は、この言葉を聞くたびに、首をかしげたくなってくる。なぜなら、やる気さえあれば誰にでもできることなのにと思ってしまう。ゴミが捨てられていること事態、元来あってはならないのである。

人類が誕生した時点からゴミは捨てられていたのだろうか。文明が開け、便利になればなるほど、ゴミが捨てられる量が増えたのではないだろうか。

　例えば、野球やサッカーの試合や練習をする際、グラウンドにゴミが捨てられていること事態在り得ないし、試合や練習をすることはできない。スポーツをする上での考えを日常生活に取り入れれば、ゴミがあること事態がおかしいと考えてもいいのではないだろうか。今の御時世、ゴミが捨てられていても当たり前という考えに、頭が麻痺しているのではないだろうか。

　これではゴミの量は増加する一方だ。少なくとも私の少年時代には、これほどゴミが捨てられていることもなかったし、捨てようとすれば怒られていた。私はゴミを捨てる人がいても、何とも言わないが、見て見ぬふりをすることができない性分なので拾うのである。ゴミを捨てた人に対して、当てつけで拾うのではない。地球にゴミが捨てられていること事態がおかしいと思うからである。環境美化が主目的でゴミ拾いを始めたのではない。私もやっているから、あなた今日からやりなさいと言うことは嫌いであるし、相手に対して大きなお世話になってしまう。黙々とやればいいのではないかと思っているのである。

　例えば人に部屋を一室貸したとする。部屋をゴミの山のように散らかされたら、貸した人は平気ではおれまい。おそらく怒りがこみ上げ、部屋を借りた人を追い出すのではないだろうか。

　山や海の美しさは、神様が創造したものと信じている。神様が創造した地球を汚したまま、死んであの世へ行ったら、神様からかなり怒られるのではないだろうか。部屋を返す際、きれいに部屋を掃除するように、地球もそのように大事にしていくとゴミのポイ捨てが減り、自然環境も良くなってくるのではないだろうか。地球で生活させていただいていることの感謝を忘れず、日々の生活をしていくことである。

ノストラダムスの大予言で、地球は滅亡すると予言されたが、幸い現在も滅亡していない。地球は未来永劫に存在するのである。

今後の世代の人たちが生きていくために、大量のゴミのせいで環境汚染に遭わせないためにも、私たちは環境美化を維持する義務があるのである。そのためには、人々が一日一つだけでもいいのでゴミを拾い続けていく。そういう輪が広がり連鎖すると環境問題もいずれは解決でき、ゴミのない状態が当たり前になると信じている。そんな日が来ることを願って、今後も拾い続けていく。

参考文献

・三浦　尚司『こどもたちへ　積善と陰徳のすすめ』（梓書院）
・志賀内泰弘『なぜ「そうじ」をすると人生が変わるのか?』（ダイヤモンド社）
・鍵山秀三郎『一日一話』（PHP研究所）
・鍵山秀三郎『ムダな努力はない』（PHP研究所）
・鍵山秀三郎『ひとつ拾えば、ひとつだけきれいになる』（PHP研究所）
・鍵山秀三郎『困ったことばかりでも、何かひとつよいことがある』（PHP研究所）
・小林　正観『楽しく上手にお金とつきあう』（大和書房）
・小宮　一慶『バカになれる人はバカじゃない』（サンマーク出版）
・落合　博満『コーチング』（ダイヤモンド社）
・桑田　真澄『心の野球』（幻冬舎）
・我喜屋　優『逆境を生き抜く力』（WAVE出版）
・喜多屋　泰『「福」に憑かれた男』（総合法令出版）
・中田　英寿『中田語録』（文藝春秋）

・舛田光洋『夢をかなえる「そうじ力」』（サンマーク出版）
・荒川祐二『半ケツとゴミ拾い』（地湧社）
・北野武『全思考』（幻冬舎文庫）
・小林正観監修『ツキを呼ぶ「トイレ掃除」』（マキノ出版）
・清水克衛『はきものをそろえる』（総合法令出版）
・清水克衛『五％の人』（サンマーク出版）
・松井秀喜『不動心』（新潮新書）
・落合博満『野球人』（ベースボール・マガジン社）
・野口健『富士山を汚すのは誰か』（角川書店）
・野口健『あきらめないこと、それが冒険だ』（学習研究社）

＊プロフィール
嶋田 敬三（しまだ　けいぞう）
1974年福岡市生まれ。親の転勤で、福岡市、穂波町、熊本市、佐世保市、宗像市などで青春時代を過ごす。
短大卒業後は、フリーター、放浪、派遣社員などを経て、九州に戻る。
現在、吉富町を中心に、出勤前・帰宅途中・休日に、ゴミ拾いやトイレそうじなど、徳を積む生活を実践する毎日である。

私《わたし》のライフワーク
―徳《とく》の貯金《ちょきん》を積《つ》む―

2016年12月17日　初版第1刷発行

著　者　嶋田 敬三
発行人　田村 志朗
発行所　㈱梓書院
〒812-0044
福岡市博多区千代3-2-1
電話　092-643-7075
印刷・製本　大同印刷㈱

ISBN978-4-87035-589-7